Max Planck

Die Feuerzeuge der Griechen und Römer

Und ihre Verwendung zu profanen und sakralen Zwecken

Max Planck

Die Feuerzeuge der Griechen und Römer
Und ihre Verwendung zu profanen und sakralen Zwecken

ISBN/EAN: 9783743693883

Hergestellt in Europa, USA, Kanada, Australien, Japan

Cover: Foto ©ninafisch / pixelio.de

Weitere Bücher finden Sie auf **www.hansebooks.com**

Über die Feuerzeuge der Alten ist, seitdem Salmasius in den Plinianae exercitationes in Solini Polyhistora. Traj. ad Rhen. 1689, cap. 11. S. 126 f. sich damit beschäftigt hat [1]), meines Wissens keine eingehendere Untersuchung mehr angestellt worden, vielmehr fehlt dieser Gegenstand auch in solchen Werken, wo man wenigstens einige Aufklärung darüber erwarten sollte, entweder ganz und gar oder wird nur sehr kurz berührt. So vermissen wir in der Pauly-Teuffelschen Realencyklopädie den Artikel ignitabulum, πυρεῖα, und auch in den Werken über griechische und römische Altertümer ist selten davon die Rede. In K. Fr. Hermanns Lehrbuch der griech. Antiquitäten A. 3. Bd. IV. ed. Blümner findet sich S. 170 darüber nur einiges wenige, ebenso bei Becker, Charikles ed. H. Göll Bd. III. S. 89 und bei Guhl und Koner, Leben der Griechen und Römer I, 40. Ausführlicher, mit Anführung der Hauptstellen, bespricht die Feuerzeuge Blümner, Technologie und Terminologie der Gewerbe und Künste bei Griechen und Römern, Leipz. 1879 II. S. 354 f., er beschränkt sich aber auf die Feuerhölzer, und es konnte überhaupt nicht in seiner Absicht liegen, an diesem Ort den Gegenstand zu erschöpfen. Diese geringe Beachtung eines für das häusliche Leben so wichtigen Werkzeugs muss um so mehr auffallen, da das Feuer im Kultus und in der Mythologie der Alten eine so hervorragende Rolle spielt, dass man dadurch wohl hätte veranlasst werden können, auch der Erzeugung desselben für den heiligen wie für den profanen Gebrauch einige Aufmerksamkeit zuzuwenden. Wenn das Herdfeuer den religiösen Mittelpunkt des Hauses bildete, wenn das ewige Feuer (πῦρ ἄσβεστον Poll. 1, 7. ἀθάνατον Plut. Num. 9) [2]) in den Prytaneen und Vesta-Tempeln ein Symbol für die Fortdauer des Staats selbst war, wenn somit Staat und Familie sich gleichsam um dieses wichtige Element aufbauten, so lag es doch sehr nahe, auch die praktische Seite ins Auge zu fassen und nachzusehen, wie man sich desselben für das tägliche Bedürfnis zu bemächtigen verstand. Es scheint indes, als ob gerade die bedeutsame Stellung, welche das Feuer als Bestandteil des Kultus einnahm, die Augen von dem gewöhnlichen Gebrauch desselben abgelenkt hätte. Und allerdings war das heilige und das profane Feuer nach der Anschauung der Alten streng geschieden, aber andererseits war doch in dem ursprünglich zugleich als Feuer der Hestia dienenden Herdfeuer eine Verbindung beider gegeben [3]), und auch

[1]) Vgl. Casaubonus, Theocriticarum lectionum libellus. Editio altera 1596. C. 20, S. 136.
[2]) Aelian de nat. animal. 9, 3 : 'Εν Αίτνῃ δὲ ἄρα τῇ Σικελικῇ Ἡφαίστου τιμᾶται νεώς, καὶ ἔστι περίβολος καὶ δένδρα ἱερὰ καὶ πῦρ ἄσβεστόν τε καὶ ἀκοίμητον.
[3]) Es liegt der Gedanke nahe, ob nicht das ewige Feuer auf dem Stadtherde und im Vestatempel ursprünglich die Bestimmung gehabt habe, den Bürgern einen nie versiegenden Feuerquell für ihre häuslichen und öffentlichen Bedürfnisse zu geben. Helbig nimmt dies unbedingt an. Er sagt in seiner Schrift: Die Italiker in der Poebene, Leipzig 1879, S. 53: Die Entstehung des Dienstes der Vesta ist hinlänglich klar. Während der Urzeit, als die Mittel, Feuer zu beschaffen, beschränkt waren, mussten die

später erscheint der Zusammenhang zwischen beiden nie ganz aufgehoben, indem man von Zeit zu Zeit das Bedürfnis fühlte, das durch den profanen Gebrauch entweihte Feuer wieder an einer reinen und heiligen Flamme neu zu entzünden. Endlich hatten die Feuerzeuge selbst auch für den Kultus, nämlich eben für die Erzeugung eines reinen Feuers, eine besondere Bedeutung.

Ich habe nun versucht, für die Frage über die Feuerzeuge der Griechen und Römer vermittelst des Materials, das mir zu Gebot stand, eine Lösung zu geben, indem ich alle diejenigen Stellen, welche bereits von anderen gesammelt worden sind, einer genauen Prüfung unterwarf und eine Anzahl neuer, welche mir bei der Lektüre der Klassiker aufstiessen, hinzufügte. Die zahlreichen Abhandlungen der Neueren über Feuer und Feuerzeuge im allgemeinen, welche teils in besonderen Schriften teils in einzelnen Aufsätzen teils in den Werken über Kulturgeschichte niedergelegt sind, boten mir, wenn auch kein neues Material, so doch manches Erwünschte, insbesondere darum, weil durch Vergleichung der Feuerzeuge der Griechen und Römer mit ähnlichen Werkzeugen anderer Völker unsere Vorstellungen von jenen nach verschiedenen Seiten ergänzt werden können. Unter dieser Klasse von Hilfsmitteln sind besonders zu nennen die Abschnitte über das Feuer in G. Klemm's Allg. Kulturwissenschaft Bd. II. Leipz. 1855. S. 66 f. und in O. Peschel's Völkerkunde. Aufl. 3. Leipz. 1876 (Aufl. 5. 1881.) S. 139 ff., ferner die Abhandlung von Dr. med. W. Stricker über die Feuerzeuge in der Sammlung gemeinverständlicher wissenschaftlicher Vorträge von Virchow und Holtzendorff, Serie IX. Heft 199. Berlin 1874, die Schrift von Dr. Gustav Lindner, Das Feuer, eine kulturhistorische Studie. Brünn 1881, die Abh. von Dr. O. Buchner, Die ältesten Feuerzeuge, in der Zeitschrift Gäa Bd. XII. 1876. S. 151—164, und die von A. Bastian, Die Vorstellungen von Wasser und Feuer, in der Zeitschr. für Ethnologie von Bastian und Hartmann. Bd. I. 1869. S. 378 f. und S. 416 f., sowie der Vortrag von A. Erman über die Geschichte des Feuerzeugs bei den Urvölkern in den Verhandlungen der Berliner Gesellschaft für Anthropol. u. s. w. im Bd. III. derselben Zeitschr. S. 97—103. Weitaus am meisten aber bietet die Schrift von Adalbert Kuhn, Die Herabkunft des Feuers und des Göttertranks, ein Beitrag zur vergleichenden Mythologie der Indogermanen, Berlin 1859, sowohl wegen der darin enthaltenen Ausführung über die griechischen und römischen Feuerzeuge als auch wegen der ausführlichen Besprechung der Werkzeuge der anderen indogermanischen Völker und wegen der religiösen Gesichtspunkte, welche von ihm für die Handlung des Feuermachens nachgewiesen werden. Aus diesem Werk haben alle Späteren geschöpft, und es ist nur wenig Neues hinzugekommen.

Wenn nun aber auch für die Feuerzeuge selbst, für ihre Herstellung und Beschaffenheit ein wertvolles, obschon für eine genaue Kenntnis derselben keineswegs ausreichendes Material vorlag, das nur im einzelnen noch schärfer untersucht und besser verwertet werden musste, so war doch noch die weitere Frage zu beantworten, die sich

---

Dorfgenossenschaften darauf bedacht sein, eine Flamme zu unterhalten, deren sich die einzelnen Familien nach Bedürfnis bedienen konnten. So auch Bastian, Zeitschr. für Ethnol. I. S. 378: Die Heilighaltung des Feuers knüpft sich direkt an die praktische Bedeutung einer steten Aufbewahrung dieses nützlichen und schwer herstellbaren Elementes.

im Verlauf der Untersuchung immer wieder aufdrängte, wie weit die verschiedenen Arten von Feuerzeugen, welche den Alten bekannt waren, im täglichen Leben auch wirklich zur Verwendung kamen. Ich habe daher den Versuch gemacht, auch für diese Frage eine Lösung zu finden, aber diese Lösung kann nur eine vorläufige und mutmassliche sein, solange die Schriften der Alten nicht in weiterem Umfang, als es mir möglich war, für diesen Zweck nachgesehen sind. Wie wenig ausgiebig indes die Nachforschungen gerade über diesen Gegenstand sind, dafür liefert die Anabasis Xenophons einen sprechenden Beweis. So oft auch hier berichtet wird, dass die griechischen Soldaten Feuer angemacht hätten (4. 4, 12. 4, 6, 20. 6, 3, 19), so erfahren wir doch nie, wie dies geschehen ist. Natürlich, das Allbekannte brauchte nicht gesagt zu werden. Ob wir aber kurzweg sagen dürfen, jeder griechische Soldat habe seine Reibehölzer (πυρεία) bei sich gehabt, wie einer der Neueren bemerkt hat, das wird eben die Frage sein. Wenigstens kommt das Wort πυρεία in der Anabasis gar nicht vor.

I. Die Beschaffenheit der alten Feuerzeuge.

1. Die mythischen Erfinder derselben.

Was die Erfindung des Feuers für den Gebrauch der Menschen betrifft (ignes humani, Plin. nat. h. 2, 239; πῦρ διακονικόν, Schol. A. zu Äsch. Prom. 253) [1]), so lag für die Alten kein Grund vor, sich mit dieser Frage ernstlich zu beschäftigen. Das Feuer war ihnen ein himmlisches Element, das, von Zeus den Menschen vorenthalten oder anfangs gewährt und nachher wieder entzogen [2]), durch den Feuerraub des Titanen

---

[1]) Die Stelle lautet: δύο εἶναι ὀνόματα τὸ πυρί, τὸ στοιχειακὸν καὶ τὸ διακονικόν, καὶ στοιχειακὸν μὲν πῦρ αὐτὸ τὸ στοιχεῖον, ὁ αἰθήρ, διακονικὸν δὲ αὐτὸ τὸ πρὸς ὑπηρεσίαν ἡμετέραν χρησιμόν. Das erstere ist das Feuer als Grundstoff, das ätherische, reine, elementare Feuer, das zweite das in den Dienst und Gebrauch der Menschen übergegangene und durch die Berührung mit menschlichen Dingen verunreinigte Feuer. Andererseits wurde wieder zwischen dem leichteren, für den Gebrauch der Menschen geeigneten Feuer der Vesta und dem gewaltsamen, elementaren, vulkanischen Feuer des Vulkan unterschieden. Augustin. de civil. dei 7, 16: Vestam quaeque ipsam propterea dearum maximam putaverunt, quod ipsa sit terra, quamvis ignem mundi leviorem, qui pertinet ad usus hominum faciles, non violentiorem, qualis Volcani est, ei deputandum esse censuerunt. Dagegen wurde von den Dichtern nicht bloss das Feuer überhaupt Volcanus genannt. (Verg. Aen. 7, 77, Ovid. Met. 7, 104), sondern speziell auch das dem Gebrauch der Menschen dienende. Prudent. contra Symmach. 1, 304: ipse ignis, nostrum factus qui servit ad usum, Volcanus perhibetur. Endlich wird das Feuer als das stoffliche Element bei der Entstehung der Künste dem mittels dieses Stoffs schaffenden Denken entgegengestellt. Tzetzes comm. zu Hesiod. op. et d. v. 61: δίκαιον αἴτιον τῆς συστάσεως τῶν τεχνῶν τὸ πῦρ γίγονεν ποιητικὸν δὲ ἡ κατασκευαστικὴ καὶ διδακτικὴ τούτων φρόνησις.

[2]) Bastian a. a. O. S. 379: Die Mythen aller Völker feiern den ersten Erfinder des Feuers oder noch gewöhnlicher denjenigen, der es ihnen nach vorhergegangenem Verluste aufs neue zurückbrachte, und darin scheint eine Andeutung zu liegen, als ob das Feuer zuerst durch ein natürliches Agens, sei es aus dem Entzünnern der Vulkane (der Schmiede des Hephästos auf Lemnos, aus der Prometheus das Opferfeuer ge-

Prometheus ihnen zugebracht wurde, der ihnen ebendamit alle für das Leben wichtigen Künste mitgeteilt, ihnen überhaupt erst eine höhere, menschenwürdige Existenz verschafft hat (Hesiod. Theog. 561. op. et d. 42. Plat. Protag. p. 320. Xenoph. Mem. 4, 3, 7). Das vorher nur im Besitz der Götter befindliche Feuer, das Kleinod des Hephästos (ἄνθος Ἡφαίστου Äsch. Prom. 7), wurde durch den Feuerbringer, Πυρφόρος (Soph. Oed. Col. 55), mit einem Schlage auch den Menschen mitgeteilt, die es von nun an in ihrem Besitz haben. Wenn dann eine spätere Gestaltung der Prometheussage, der aber bereits Äschylus folgt, den Prometheus das Feuer nicht mehr im Himmel bei Zeus entwenden sondern seinen Narthex an dem Vulkan Mosychlos auf Lemnos, wohin Hephästos in der Ilias (1,592) herabgestürzt wird, d. h. wo aus dem Äther stammendes Feuer brennt, anzünden lässt[1]) (das furtum Lemnium Cic. Tusc. 2, 10, 23. Varr. l. L. 6. p. 82. Welcker, die Äschyl. Tril. Prom. S. 7), so liegt in dieser Version bereits eine natürliche Erklärung der Mitteilung des Feuers an die Menschen. Nicht ohne Grund, sagt Heraklides Alleg. Hom. c. 26. p. 448, hat Homer gedichtet, dass Lemnos zuerst das vom Gott geworfene Feuer (θεόβλητον πῦρ) aufgenommen habe; denn dort kommen von selbst Flammen des in der Erde erzeugten Feuers hervor. Das Werkzeug, dessen sich Prometheus bei seinem Raub bediente, war der νάρθηξ[2]), das Pfriemkraut, ein

---

stohlen), sei es aus dem elektrischen Prozesse der Atmosphäre oder aus dem Hade des glänzenden Sonnenwagens bekannt geworden, und dann nach erlangter Kenntnis seiner wohlthätigen Eigenschaften in Nachahmung wieder entdeckt sei.

[1]) Herakl. Alleg. Hom. c. 26 rechtfertigt den Homer gegen den Vorwurf, dass er den Hephästos vom Himmel herabwerfen lasse, so dass er lahm werde und beinahe ums Leben gekommen wäre, indem er nachweist, dass ein philosophischer Gedanke darin verborgen liege. Das Feuer hat nämlich eine doppelte Natur. Dem ätherischen Feuer, das zuoberst über dem All schwebt, fehlt nichts zur Vollkommenheit, die Materie unseres Feuers dagegen, die irdischen Wesens ist, ist vergänglich und muss jedesmal durch eine neue wieder angefacht werden. Deshalb nennt Homer die stärkste Flamme stets Sonne und Zeus, das Feuer auf der Erde aber, das rasch sich entzündet und wieder erlischt, Hephästos. Mit Recht wird daher in Vergleichung mit jenem vollkommenen Feuer dieses Feuer lahm genannt, sofern es ohne Zulegung von Holz nicht längere Zeit auszudauern im Stande ist. Vgl. Serv. zu Aen. 8, 414: Volcanus, ut diximus, ignis est. Ignis e nubibus nascitur. Unde etiam Homerus dicit, eum de aëre praecipitatum in terras, quod omne fulmen de aëre cadit: quod quia crebro in Lemnum insulam iacitur, ideo in eam dicitur cecidisse Volcanus. Das in der Niedrigkeit befindliche irdische Feuer strebt naturgemäss immer wieder empor zur Vereinigung mit dem himmlischen Feuer, von dem es genommen ist. Dionys. Exc. ex Lib. 16, 1,2: τὸ πῦρ τὸ παρ' ἡμῖν, εἴτε Προμηθέως, εἴτε Ἡφαίστου δωρόν ἐστιν, ὁπότε λύσεις τοὺς δεσμούς, ἐν οἷς ἐνέζευκται μένειν, ἀλλ' ἀέρος ἄνω φερόμενον ἐπί τὴν συγγενῆ ἑαυτῷ καὶ πάνων ἐν κόσμῳ κυριωτάτην τὴν τοῦ κόσμου φύσιν.

[2]) Ἐν κοίλῳ νάρθηκι, Hesiod. Theog. 567; νάρθηξ κυριωτάτης, Anthol. 6, 294. vgl. Suid. s. v. und die Note von Bernhardy; νάρθηκοκλέπτρωτον δὲ θησαύραι πυρὸς αὐγήν, Äsch. Prom. 109. Dazu Hesych.: τὴν ἐν νάρθηκι θησαυροσθεῖσαν καρπόν τῷ νάρθηκι ἐχρῶντο πρὸς τὰς ἐκζωπυρήσεις τοῦ πυρός. Derselbe bemerkt weiter: νάρθηξ· εἶδος φυτοῦ καλαμοειδοῦς ἐλαφροῦ. Auch Galen de temper. 3, 2. p. 658 nennt unter den Stoffen, die durch das κοπτον rasch in Brand gesetzt werden, den νάρθηξ. Nach Fulgentius Mythol. 2, 9 soll Prometheus seine ferula am Rad des Sonnengottes angezündet haben: dum videret (in caelo) omnia caelestia flammatis animata vegetare vaporibus, clam ferulam Phoebiacis applicans rotis ignem furatus est, quem pectusculo hominis applicans animatum reddidit corpus. Ebenso nach Servius zu Verg. Ecl. 6, 42 seine Fackel: Prometheus post factos a se homines dicitur auxilio Minervae caelum ascendisse et adhibita facula ad rotam Solis ignem furatus, quem hominibus indicavit. Welcker (Äsch. Tril. S. 71, A. 93) vermutet, dass die hier entwickelten Vorstellungen aus der Sappho geschöpft seien. In dem indicavit liegt, dass er die Menschen zum erstenmal damit bekannt machte.

Stängel, dessen Mark, wenn es getrocknet ist, den darauf fallenden Funken leicht auffängt und dann schnell sich verzehrend fortglimmt, weshalb es noch jetzt in südlichen Ländern, z. B. auf Sizilien und Cypern, als Zunder vom Landvolk benutzt wird (Weiske, Prom. und sein Mythenkreis. Leipz. 1842. S. 211. Welcker a. a. O. S. 8). Bei den Alten scheint indes der Narthex nicht bloss als schnell Feuer fangend die Stelle des Zunders vertreten zu haben, sondern er diente auch dazu, das Feuer zu bewahren. Dies zeigt eine Stelle bei Proklus zu Hesiod. op. et d. 52: ἔτι μὲν πυρὸς ὄντως φυλακτικὸς ὁ νάρθηξ, ἥπιαν ἔχων μαλακότητα εἴσω (ein zartes, weiches Mark enthaltend) καὶ τρέφειν τὸ πῦρ καὶ μὴ ἀποσβεννύναι δυνάμενος. Und ebenso sagt Plinius n. h. 13, 126: ignem ferulis optime servari certum est, und bezeichnet den Prometheus als den Erfinder der Kunst, das Feuer mittels der ferula zu erhalten (7, 198. Vgl. dagegen Weiske a. a. O. S. 211 und Note 4). Der Mythus aber fasste den Narthex nur als Werkzeug des feuerbringenden Prometheus auf, nicht auch als Feuerbewahrungsmittel für die Menschen. Als daher Spätere auf den Gedanken kamen, dass doch mit dem Bringen des Feuers nicht alles gethan gewesen sei, dass es sich vielmehr auch darum gehandelt haben müsse, sich im dauernden Besitz desselben zu erhalten und es, wenn es im Hause erlosch, neu anzulachen, da fügte man dem ursprünglichen Mythus Weiteres hinzu, wie Hygin Fab. 144: Homines antea ab immortalibus ignem petebant, neque in perpetuum servare sciebant. Quod postea Prometheus in ferula detulit in terras hominibusque monstravit, quomodo cinere obtutum servarent, oder man bildete den Mythus geradezu in rationalistischer Weise um, wie Diodor 5, 67, der bemerkt, nach der Überlieferung der Mythographen solle Prometheus das Feuer den Göttern entwendet und den Menschen zugebracht haben, in Wahrheit aber sei er der Erfinder der Feuerhölzer, πυρεῖα, gewesen. Ja Heraklides (a. a. O.) deutet die Entwendung des himmlischen Feuers durch Prometheus sogar auf die metallenen Brennspiegel, durch welche die Menschen zu der Zeit, wo der Gebrauch des Feuers noch nicht häufig war, die von den oberen Regionen herabfallenden Funken an sich gezogen hätten.. Dass indes frühe schon das Feuer auch als Erfindung ins Auge gefasst wurde, zeigt der homerische Hymnus auf Hermes 108 ff., wo dieser Gott als der Erfinder des Feuers gepriesen wird (πυρὸς ἐξεμαίετο τέχνην), und es lag in der That auch nahe genug, dem klugen, erfindsamen und Segen spendenden Gott, der zudem in enger Verbindung mit Hestia, der Göttin des Herdfeuers, stand (Preller, griech. Mythol. I. S. 268. Roscher, Hermes der Windgott. Leipz. 1878. S. 24 u. 122), diese wichtigste und wohlthätigste aller Erfindungen zuzuschreiben. Später wurde dann ein besonderer »Feuermann« geschaffen, der das Feuer erfunden haben sollte, während man dem Prometheus seine Erhaltung verdankte. Plin. 7, 198: Ignem (invenit) e silice Pyrodes Cilicis filius, eundem adservare ferula Prometheus. Dieser Kilix ist ein Bruder des Kadmos und Sohn des Agenor (Apollod. 3, 1). Nach Plutarch Cim. c. 10 wurde das Verdienst, die ἔναυσις πυρὸς die Menschen gelehrt zu haben, auch attischen Heroen als Landeswohlthätern zugewiesen[1]), während die Argiver nach Pausanias (2, 19, 5) die Erfindung des

---

[1]) Es war der Demos Εὐκυρίδαι der Phyle Leontis, wo das Feuer zuerst aufgeflammt sein sollte. Etym. Magn.: Εὐκυρίδαι δῆμος Ἀθηναίων ὅτι ἐν Ἀθήναις πρῶτον τὸ πῦρ εὑρέθαι φασι, κατὰ τὸν δῆμον τοῦτον τῆς ἐκλάμψεως αὐτοῦ γενομένης.

Feuers ihrem mythischen König Phoroneus, dem Sohn des Inachos, beilegten. Auch einen Ort fand man, wo das Feuer erfunden worden sein sollte, es war die vulkanische Insel Delos, die Geburts- und Kultusstätte des Lichtgottes Apollon, die neben einer Reihe anderer Namen auch den Namen Pyrpile oder Pyrpole führte, igne ibi primum reperto, Plin. 4, 66, quoniam et ignitabula ibi et ignis inventa sunt, Solin. Polyhist c. 11. S. 22. Vgl. den Comm. des Salmasius S. 126.

Wir haben in diesen natürlichen Erklärungen des Prometheus-Mythus bereits die verschiedenen Arten des Feuermachens, welche sich bei den Alten finden, vor uns. Zur Erzeugung des Feuers kennen Griechen und Römer dreierlei Werkzeuge. Das Feuer wird hervorgebracht 1. durch das Schlagen von Steinen, teils Stein gegen Stein teils Eisen gegen Stein, 2. durch das Reiben zweier Hölzer, πυρεία, 3. durch Brennspiegel. Die dritte Art, Feuer zu erzeugen, kommt wenig in Betracht, sie wird aus älterer Zeit nur selten erwähnt und diente, wie es scheint, bloss in ausserordentlichen Fällen für Kultuszwecke, nicht aber im gewöhnlichen Leben. Was die zwei ersten Arten betrifft, so scheinen bei den Römern beide gleichermassen in Gebrauch gewesen zu sein, während sich die Griechen in der historischen Zeit nur der Reibehölzer bedienten. Es wird deshalb zweckmässig sein, die Feuerbereitung beider Völker gesondert zu betrachten.

2. Die Feuerzeuge der Griechen.

a. Die Steine.

Es sind nur wenige Stellen, in welchen solche Steine erwähnt werden (Hesych. πυρεῖτις λίθος, ἀφ' οὗ πῦρ τίκτεται. Suid. πυρίτις λίθος. Plin. 36, 137 pyrites. Etym. M. πυρίτα· τινὲς τοὺς πυροβόλους λίθους sc. λέγουσιν). Die bekanntesten sind die im Philoktet des Sophokles. Wie Odysseus und Neoptolemus in Abwesenheit Philoktets in dessen Höhle kommen, finden sie neben anderem kunstlosen Hausgeräte auch πυρεῖα (v. 36), und dass dies Steine waren, beweist die weitere Stelle, wo Philoktet dem Neoptolemus sein elendes Leben schildert und unter anderem (v. 295) sagt:

εἶτα πῦρ ἂν οὐ παρῆν,
ἀλλ' ἐν πέτροισι πέτρον ἐκτρίβων μόλις
ἔφην' ἄφαντον φῶς, ὃ καὶ σώζει μ' ἀεί.

Stein am Stein abreibend brachte ich mit Mühe den verborgenen Funken an den Tag. — Sonst wird ἐκτρίβειν von dem Herausschlagen des Feuers gebraucht und mit den Objekten πῦρ, φλόγα verbunden (Xen. Cyrop. 2, 2, 15), hier vom Zusammenschlagen der Steine [1]. Zwei weitere Stellen finden sich bei Nonnus. Die eine steht in einer Vergleichung und lautet (Dionys. 2, 493):

ὡς λίθος ἀμφὶ λίθῳ φιλοτήσιον ὠδῖνα λοχεύων
λάϊνον ἠκόντιζε πολυσθλαβὲς αὐτόγονον πῦρ,
πυρσοτενὴς ὅτε θῆλυς ἀράσσεται ἄρσενι πέτρῳ,
οὕτω etc.

Wie der Stein am Steine, das feurige Kind gebärend, das steinerzeugte, vielgequetschte, aus sich selbst geborene Feuer herausschleudert, wenn der feuergebärende weibliche Stein

---

[1] Sowohl Kuhn (S. 37) als Göll in der neuen Bearbeitung von Beckers Charikles (III. S. 89) denken bei den πυρεῖα Philoktets unrichtiger Weise an die Reibehölzer, weil sie die zweite Stelle nicht beigezogen haben.

— 9 —

geschlagen wird vom männlichen Steine, so u. s. w. Die Ausdrücke weiblicher und männlicher Stein erinnern an die Ausdrucksweise Theophrasts über die Reibehölzer (s. unten); da gibt es ein σκεύη und ein κάρφον, und so ist hier der weibliche Stein der angeschlagene, der männliche der schlagende. Das Feuer heisst αὐτόγονον oder αὐτολόχευτον (a. a. O. 37, 68), weil es nach der Vorstellung der Alten nicht erst durch das Schlagen des Steines erzeugt wird, sondern latent darin enthalten ist. Ganz ähnlich lautet die zweite Stelle (37, 56 ff.), sie enthält aber noch einige weitere, übrigens nicht immer ganz klare Zusätze:

>   Ἔνθα πυρὸς χρέος ἦεν· φιλοποιήλοιο δὲ Κίρκης
>   Φαῦνος ἐργμονόμως, Τυρσηνίδος ἀστὸς ἀρούρης,
>   ὃς πᾶις ἀγροτέρης δεδαημένος ἔργα τιιοότης,
>   πυρσοτόκους λάιγγας, ὀριπάδος ὄργανα τέχνης,
>   ἤγαγεν ἐκ σκοπέλοιο καί, ὀκτώδε τύματα νίκης
>   ἱερόθεν ἀίπτοντος ἐπιστώσαντο κεραυνοί,
>   λείψανα θερκεσίοιο πυρὸς ἤγαγεν, ὡς κεν ἀνάψῃ
>   πυρκαϊὴν ῥύθμενος. Διαβλήτῳ δὲ θεείῳ
>   ὀμφοτέρων ἔχρισε λίθων μυντώνος·
>   πυρσοτόκων· καὶ κεατὸν Ἐρυθραίοιο νορόμβροι
>   κάρφος ἀποξύνας διδυμάονι μίγνυε κίτρῳ·
>   τρίβων δ᾽ἔνθα καὶ ἔνθα καὶ ἄρσενι θηλὺν ἀράσσων
>   ἔγκυρον αὐτολόχευτον ὀπείρης λαῖνεον πῦρ,
>   πυρκαϊὴ δ᾽ὑπέθηκεν, ὅσῃ κίλεν ἀγριὰς ὕλη.

In einer Pause der grossen Schlacht gegen die Inder veranstaltet Dionysos die Bestattung des gefallenen Opheltes. Ein gewaltiger Holzstoss wird errichtet, und um diesen anzuzünden, bringt der Tyrrhener Faunos, der Sohn der Kirke, der als solcher die Werke seiner ländlichen Mutter versteht, die feuergebärenden Steine, die Werkzeuge ländlicher Kunst (ὀριπάδος ὄργανα τέχνης), von der Klippe herbei nach dem Ort der Bestattung. Diese Steine heissen λείψανα θερκεσίοιο πυρός, weil in ihnen Überreste des himmlischen Feuers enthalten sind, und vielleicht will Nonnus in seiner schwülstigen Weise mit den dunkeln Worten ὀκτώδε τύματα νίκης — κεραυνοί nichts anderes sagen, als dass die vom Himmel fallenden Blitze in das Gestein eingedrungen seien, diesem ihr Feuer mitgeteilt und so gleichsam ihren Sieg über dasselbe festgestellt haben. Wir hätten also in diesen Worten eine Erklärung dafür, wie das Feuer, das man aus dem Stein herausschlägt, in denselben gekommen ist, nämlich durch den Blitz. Hierauf bestreicht Faunos die Seiten der beiden Steine mit Schwefel, der gleichfalls von oben kommt (θεείῳ διαβλήτῳ [1]),

---

[1] Der Schwefel heisst διαβλήτος, weil er seinem Wesen nach als mit dem Blitz verwandt betrachtet wurde, wie denn der Blitz selbst auch von römischen Dichtern mit dem Namen Schwefel bezeichnet wird. Lucan. Phars. 7, 160 heisst er sulfur aetherium, Pers. Sat. 2, 24 sulfur sacrum. Die Ursache dieser Benennung ist der Schwefelgeruch, den der Blitz verbreitet. Vgl. Hom. Il. 8, 135, wo vom Blitz gesagt wird: δεινὴ δὲ φλὸξ ὦρτο θείοιο καιομένοιο, und Verg. Aen. 2, 698: late circum loca sulfure fumant (bei einer ähnlichen Erscheinung), wozu Servius bemerkt: divini ignis odor ostenditur (fulgura enim odor sulfuris sequitur). Plin. n. h 35, 177: fulmina, fulgura quoque sulfuris odorem habent, ac lux ipsa eorum sulfurea est. Grimm, Deutsche Mythol. A. 4. 1. S. 501: »Man scheint wohlthätiges und feindseliges Feuer unterschieden zu haben, zu jenem rechneten die Griechen das Schwefelfeuer, da sie den Schwefel θεῖον (göttlichen Hauch) nennen (s. dagegen Curt. griech. Etymol. A. 5. S. 259: θεῖον von θύω, brausen, rauchen). Daher wurde das Schwefelfeuer nicht bloss als natürliches Mittel zur Vertreibung böser Dünste gebraucht,

2

streift dünne Epheuzweige ab und verbindet sie mit dem Zwillingsgestein, dann reibt er die Steine hin und her, schlägt den weiblichen Stein mit dem männlichen und lockt so das verborgene, aus sich selbst geborene, steinerzeugte Feuer hervor, das er an den aus wild wachsendem Holz errichteten Holzstoss anlegt. Es werden hier zwei fomites aufgeführt, der Schwefel und der Epheu. Der Schwefel, welcher überhaupt als fomes in erster Linie steht (Plin. 36, 138), wird hier in eigentümlicher Weise so angewandt, dass die Steine damit bestrichen werden. Man könnte fragen, ob diese Anwendung eine zweckdienliche sei, ob der am Stein selbst befindliche Schwefel wirklich leicht durch den herausgeschlagenen Funken entzündet werden könne. Da indes auch Galen (de temperam. 3, 2. ed. Kühn Bd. I, S. 658) dasselbe berichtet: ἐξάπτουσι δὲ φλόγα καὶ λίθοι ποραγράμμενοι, καὶ μᾶλλον ἦν θείου τις αὐτοῖς ἐπιπάσσῃ (vgl. Theophr. de igne 9, 63), so können wir nicht zweifeln, dass diese Art von Anwendung des Schwefels wirklich statt gefunden hat. Was den Epheu betrifft (denn κόρυμβος muss hier den Epheu selbst, nicht seinen Fruchtbüschel, bedeuten), so ist dieser nach Theophrast (a. a. O. 64) das rechte Holz für die ἐσχάρα, das leidende der beiden Reibehölzer, weil er rasch Feuer fängt, hier aber können die Worte εὔθρυπτον μίγνυσι ξέτραμ nur soviel besagen, dass dürres Reisig (κάρφος) vom Epheu bereit gehalten wurde, um den aus dem Stein geschlagenen und vom Schwefel aufgefangenen Funken zu nähren und zur Flamme anzufachen. Auch das Hinundherreiben passt für Steine nicht ganz, da diese vielmehr gegen einander geschlagen werden. Doch soll wohl beides das Gleiche besagen, wie Cic. nat. deor. 2, 9, 25 von einem conflictus atque tritus lapidum spricht. Von Wichtigkeit aber ist, dass diese Feuerbereitung durch Steine hier als eine »ländliche Kunst« erscheint, die Faunos von seiner »ländlichen Mutter« gelernt hat. Denn es liegt darin unstreitig eine Andeutung, dass es die Landbevölkerung, die Bewohner der Feldmark und der Berge waren, welche sich dieser Werkzeuge bedienten. In der angeführten Stelle[1] (§. 63) vergleicht Theophrast die beiden Arten des Feuermachens mit einander,

sondern auch in religiösem Sinne als Reinigungsmittel. Ohne Zweifel zu solchem doppelten Zweck verlangt Odysseus (Od. 22, 481) von Eurykleia Schwefel, um das vom Blut befleckte Haus zu reinigen; er nennt ihn κακῶν ἄκος. Auch Achilleus (Il. 16, 228) reinigt den Becher, mit dem er nur dem Zeus allein, keinem andern der Götter, die Libation darbringt, zuerst mit Schwefel und spült ihn dann erst mit Wasser aus. Vgl. Theokrit 24, 94. Ausdrücklich spricht es Plinius aus (35, 177): Habet (sulfur) et in religionibus locum ad expiandas suffitu domos. So erscheint denn der Schwefel selbst, wie der Blitz, als von Zeus geschleudert, als ein Stoff, der von oben her kommt und Elemente des himmlischen Feuers in sich birgt. Der Zusammenhang zwischen dem himmlischen und irdischen Feuer erscheint überhaupt nie ganz gelöst, sondern tritt in verschiedenen Formen an den Tag, wie z. B. Seneca nat. quaest. 1, 1 den Gedanken des Aristoteles entwickelt, dass gewisse Stoffe, die leicht Feuer fangen, von der Erde in die Wolken aufsteigen, quaedam concipiendis ignibus idonea, aliqua alimenta ignium, quae non tantum collisa possint ardere, sed etiam afflata radiis solis.

[1] Die Stelle lautet: Διὰ τί δ' ἐκ μὲν ξύλων γίνεται πυρεία καίπερ οὐκ ἐκπυρόντος πυρός, ἐκ δὲ λίθων ἐκπυρόντος ἤττον γίνεται· τοῦτο δ' οὐκ ἔστιν ἀληθές, ἐκ πολλῶν γὰρ γίνεται μᾶλλον καὶ θᾶττον, οὐ μὴν ἀλλ' εἴπερ, ἐπείπερ ὑπολημπτέον τὴν αἰτίαν ὅτι τὸ μὲν ξύλον εὐθὺς ὑπεκκαίον ἔχει συγγενὲς ἐνόντος τῷ πυρί, κἂν μὴ σαρξ τοιοῦτον, θᾶττον πυροῦται δι' ἀσθένειαν· ὁ δὲ λίθος (οὐκ) ἔχει, κατάγευρος ὤν. διὸ καὶ τῷ ἐκπυρόντι εὐθὺς ξευρομένων προσάγουσιν. Πεπυρμένον ist mit Feuer zubereiteter, künstlicher Schwefel. Man unterschied nämlich θεῖον ἄπυρον und πεπυρμένον. Dioskorid. 5, 124. Das προσάγουσιν besagt nur, dass man den Schwefel als fomes gebrauchte.

Er fragt: warum macht man πυρεῖα aus Hölzern, obgleich aus diesen kein Feuer heraus-springt, und weniger gut aus Steinen, da doch aus diesen solches herausspringt? und gibt darauf die Antwort: das ist aber nicht wahr; denn aus vielen Steinen gewinnt man besser und rascher πυρεῖα d. h. Feuer. Gesetzt aber es wäre so, führt er fort, so hat man sich dafür den Grund zu denken, dass das Holz etwas hat, was sofort das Feuer entzündet (ἔνθεν ὑπέκκαυον ἔχει d. h. was als ὑπέκκαυμα, als fomes dient), da in ihm dem Feuer verwandte Stoffe enthalten sind; und wenn auch nichts derartiges darin vorhanden sein sollte, so gerät es doch seiner Schwäche (d. h. geringeren Dichtheit, Konsistenz) wegen rascher in Brand, der Stein dagegen, der ganz trocken ist, enthält nichts der Art, weshalb man dem Funken, der aus ihm herausspringt, sofort Schwefel nahe bringt. So viel sehen wir jedenfalls aus dieser Stelle, dass bei den Landsleuten Theophrasts den ξύλα als πυρεῖα entschieden der Vorzug gegeben wurde, und es scheint, dass der Gebrauch der Steine, obschon er den Griechen wohl bekannt war, doch in der historischen Zeit nicht mehr bestand, sondern diese Art von Feuerbereitung als etwas Primitives dem heroischen Zeitalter zugewiesen wurde. Zwar stellt Galen die Steine neben die Hölzer, de causis morb. c. 2 (Kühn Bd. VII. S. 3): ἐκ μὲν κινήσεως ἐπὶ τι τῶν γυμναζομένων ὁπωσῶν καὶ τῶν παρατριβομένων ἀλλήλοις λίθων ἢ ξύλων καὶ τῆς ῥαπιζομένης φλογός, und auch Philostratus sagt Imag. p. 849: ἀγαθὰ ἐμπυρεύσασθαι καὶ οἱ λίθοι, allein es sind dies nur theoretische Behauptungen, aus denen man noch keinen sicheren Schluss auf den praktischen Gebrauch ziehen kann. Die Hauptsache aber ist, dass wir bei den Griechen nichts von dem Gebrauch des Eisens bei den Steinen wissen, durch welchen das Geschäft wesentlich erleichtert wird.

b. Die Hölzer.

Theokrit erzählt in dem Idyll Die Dioskuren (22, 32) von den Argonauten:

ἐκβάντες δ' ἐπὶ θῖνα βαθὺν καὶ ὑπήνεμον ἀκτὴν
εὐνάς τ' ἐστόρνυντο πυρεῖά τε χερσὶν ἐνώμων.

Und ganz ähnlich lautet die Stelle bei Apollonius Rhodius Argon. 1, 1182:

ἔνθα δ' ἔπειθ' οἱ μὲν ξύλα κάγκανα, τοὶ δὲ λεχαίην
φυλλάδα λειμώνων φέρον ἄσπετον ἀμήσαντες,
στορνύσθαι τοὶ δ' ἀμφὶ πυρήϊα δινεύεσκον.

Dazu bemerken die Scholien: τὸ δινεύεσκον ἀντὶ τοῦ ἔστρεφον, παρέτριβον. Τὰ γὰρ ξύλα παρέτριβον, καὶ ἀπ' αὐτῶν τὸ ἔβαλλον. Παρήϊα γὰρ ταῦτα φησι τὰ προστριβόμενα ἀλλήλοις πρὸς τὸ πῦρ ἐγγενεῖν ὧν τὸ μέν ἐστιν ὑπτίον, ὃ καλεῖται στορεύς θάτερον δὲ παρακλήσιον τρυπάνῳ, ὅπερ ἐπιστρέφοντες τῷ στορεῖ στρέφουσιν. Vgl. dazu Simplicius Comm. zu Aristot. de caelo 3. S. 268 (ed. Karsten. Traj. ad Rhen. 1865): ἀπὸ ξύλων δὲ πῦρ ἐκβάλλουσι τὸ ἕτερον ξύλον ὡς τέρετρον ἐν τῷ ἑτέρῳ περιφέροντες, woraus sich das πῦρ ἔβαλλον der Scholien erklärt (vgl. das Verb ἐκκόπτει bei Nonnus 2, 194). Auch in dem homerischen Hymnus auf Hermes v. 108 sind es die Feuerhölzer, welche der Gott für die Menschen erfunden hat, wenn es dort heisst:

σὺν δ' ἐφόρει ξύλα πολλά, πυρὸς δ' ἐπεμαίετο τέχνην·
δάφνης ἀγλαὸν ὄζον ἑλὼν ἐπέλεψε σιδήρῳ,
ἄρμενον ἐν παλάμῃ· ἄμπνυτο δὲ θερμὸς ἀϋτμή.

Der folgende Vers

Ἑρμῆς τοι πρώτιστα πυρήϊα πῦρ τ' ἀνέδωκε

ist zwar unecht, aber der Sinn der Stelle kann nicht zweifelhaft sein, obwohl die Haupt-
handlung nicht angegeben ist. Denn es ist nur gesagt, Hermes habe mit dem Eisen
d. h. mit einem eisernen Werkzeug den Lorbeerzweig, der in seine Hand gefügt war,
d. h. den er fest in seiner Hand hielt, abgeschält, was notwendig ist, um ein Holz als
τρύπανον gebrauchen zu können. Es fehlt aber die Hauptsache, das Zusammenreiben
beider Hölzer, so dass man wohl mit Dindorf nach ἐν παλάμῃ eine Lücke annehmen
muss. Welchen Sinn Schwenck's Übersetzung dieser Stelle, die vielfach citiert wird:

Nehmend den stattlichen Ast vom Lorbeer, rieb er mit Eisen,

haben soll, ist nicht einzusehen. Weitere Stellen finden sich bei Lukian ver. hist. 1,
32, 95: τὰ πυρεῖα συντρίψαντες καὶ ἀνακαύσαντες ὅπλων ἐκ τῶν παρόντων ἐπωόμεθα.
bei Plato de rep. 4. p. 445: καὶ τάχα ἂν παράλληλα πυσωόντες καὶ τρίβοντες ὥσπερ
ἐκ πυρείων ἐκλάμψαι ποιήσαιμεν τὴν δικαιοσύνην. und bei Themistius paraphr. Aristot.
3, 5: τάχα γὰρ οἷον ἐκ πυρείων τριβομένων πολλάκις τῶν ῥημάτων τοῦ φιλοσόφου ἐκ-
λάμψειεν ἐν ἡ διάνοια. Die Lukianische Stelle ist besonders wichtig, weil wir hier einen
bestimmten Fall vor uns haben, in welchem die πυρεῖα zur Bereitung einer Mahlzeit
benutzt werden.

Wir sehen aus diesen Stellen, dass von den beiden Hölzern, πυρεῖα, das eine ein
flaches war, ὅππιον, eine tabula, als Hingebreitetes στορπές genannt, während das andere
die Form und Funktion eines Bohrers, τρύπανον oder τρίπτρον, hatte. Es war dieses also
ein spitziges Holz, das ohne Zweifel in eine Höhlung des hingebreiteten, flachen Holzes
eingesetzt und in dieser im Kreise gedreht wurde. Die Bezeichnungen dafür sind στρέψαι,
περιστρέψαι, τρίβειν, καταστρίβειν, ἐπιτρίβειν, συντρίβειν, ἀνάψαι, allgemeiner νομήν. Über die
Holzarten, die dabei verwendet wurden, handelt ausführlich Theophrast hist. plant. 5,
9, 6-7: Πυρεῖα δὲ γίνεται μὲν ἐκ πολλῶν, ἄριστα δέ, ὥς φησι Μενέστωρ, ἐκ κιττοῦ τάχιστα
γὰρ καὶ πλεῖστον ἀναπνεῖ. πυρεῖον δέ φασιν ἄριστον μὲν ἐκ τῆς ἀθραγένης καλουμένης
ὑπό τινων τοῦτο δ' ἐστὶ δένδρον ὅμοιον τῇ ἀμπέλῳ καὶ τῇ οἰνάνθῃ, τῇ ἀγρίᾳ ὥσπερ ἐκεῖνα καὶ
τοῦτο ἀναβαίνει πρὸς τὰ δένδρα. δεῖ δὲ τὴν ἐσχάραν ἐκ τούτων ποιεῖν. τὸ δὲ τρύπανον
ἐκ δάφνης οὐ γὰρ ἐκ ταὐτοῦ τὸ ποιοῦν καὶ πάσχον, ἀλλ' ἕτερον εὐθὺ δεῖ (sc. εἶναι) κατὰ
φύσιν, καὶ τὸ μὲν δεῖ παθητικὸν εἶναι, τὸ δὲ ποιητικόν. οὐ μὴν ἀλλὰ καὶ ἐκ τοῦ αὐτοῦ γίνεται
καὶ ὡς γε τινες ὑπολαμβάνουσιν οὐδὲν διαφέρει. γίνεται γὰρ ἐκ ῥάμνου καὶ πρίνου καὶ φιλύρας
καὶ σχεδὸν ἐκ τῶν πλείστων πλὴν ἐλάας. ὃ καὶ δοκεῖ ἄτοπον εἶναι καὶ γὰρ σκληρότερον καὶ
λιπαρὰν ἡ ἐλάα· τοῦτο μὲν οὖν ἀσύμμετρον ἔχει δῆλον ὅτι τὴν ὑγρότητα πρὸς τὴν πύρωσιν.
ἀγαθὰ δὲ τά ἐκ ῥάμνου ποιεῖ δὲ τοῦτο καὶ τὴν ἐσχάραν χρησίμην πρὸς γὰρ τῷ ξηρὰν καὶ
ἄχυμον εἶναι δεῖ καὶ μανότραν δι' ἧς τρίψις ἰσχύς. τὸ δὲ τρύπανον ἀπαθέστερον δι' ὃ τὸ
τῆς δάφνης ἄριστον ἀπαθὲς γὰρ ὂν ἐργάζεται τῇ δριμύτητι. πάντα δὲ τὰ πυρεῖα βόρεια μὲν
θᾶττον καὶ μᾶλλον ἐξάπτεται, νοτίοις δὲ ἧττον καὶ ἐν μὲν τοῖς μετεώροις μᾶλλον, ἐν δὲ τοῖς
κοίλοις ἧττον[1]). Theophrast nennt hier das eine der Hölzer, das bohrende, geradezu

---

[1]) Ganz ähnlich ist eine zweite Stelle, de igne 9, 64: ἅπτεται δὲ βέλτιον ἐν βορείοις ἢ νοτίοις τὰ πυρεῖα,
διότι ξηρότερα ὄντα θᾶττον καὶ δι' ἐλάττονος τρίψεως ἐκθερμαίνεται. διὰ τοῦτο γὰρ οὐδ' ἐκ τῶν ὑγροτέρων ξύλων
ἀλλ' ἐξ ὡρισμένων τινῶν γίνεται γὰρ ἔχειν τινὰ συμμετρίαν. ἄριστα δὲ οἱ μὲν ἐκ κιττοῦ φασιν, οἱ δ' ἐκ τῆς

— 13 —

τρύπανον, während es in den oben angeführten Stellen nur geheissen hat παραπλήσιον τρυπάνῳ und ὡς τέρετρον, das andere nennt er nicht στορός, wie die Scholien, sondern ἐσχάρα. Unterlage (eigentlich Feuerstätte), und unterscheidet beide als τὸ ποιοῦν und τὸ πάσχον. Danach bestimmt sich auch die Wahl der Hölzer zu dem einen oder dem andern. Denn das wirkende und das leidende Holz können nicht aus einem und demselben Stoff genommen werden, das eine muss παθητικὸν sein, das andere ποιητικόν. Für das τρύπανον, das unempfindlich (ἀπαθέστερον) sein muss, eignet sich am besten der Lorbeer, δάφνη, für die ἐσχάρα dagegen die ἀθραγένη, eine der wilden Rebe ähnliche Schlingpflanze, über deren Namen Kuhn (S. 41) bemerkt: Wenn wir es hier mit einem Worte der vorgriechischen Sprachperiode zu thun haben, so dürfen wir vielleicht vermuten, dass ἀθρα von demselben Stamme sei wie das zendische átar, das Feuer, âtarvan, der Feuerpriester, also »die Feuer gebärende«. Ferner eignet sich für die Unterlage der Epheu, κιττός, weil er am besten und schnellsten in Feuer gerät, und der Dornstrauch, ῥάμνος, weil er, ausserdem dass er trocken und saftlos ist, auch eine gewisse Lockerheit hat, welche notwendig ist, damit die Reibung wirken kann. Das τρύπανον dagegen, zu dem sich der Lorbeer am besten eignet, wirkt durch seine Härte, während es selbst keinen Eindruck aufnimmt (ἀπαθὲς ὄν). Übrigens kann Theophrast trotz dem allem nicht unterlassen beizufügen, dass auch beide Hölzer von den gleichen Pflanzen genommen werden, und dass nach der Ansicht mancher kein Unterschied zu machen sei. Man verfertigt sie, sagt er, aus der ῥάμνος, der πρῖνος (die immer grüne Stech- oder Steineiche) und der φιλύρα (Linde) und beinahe aus den meisten Pflanzen mit Ausnahme des Ölbaums. Alle die genannten Pflanzen, woraus die πυρεῖα verfertigt werden, gehören zu den Wärme enthaltenden, θερμά (hist. plant. 5, 3, 4). Weiter fügt er dann noch bei: die Hölzer entzünden sich leichter in den nördlichen als in den südlichen Ländern, weil sie dort wegen ihrer grösseren Trockenheit sich rascher und mit geringerer Reibung erwärmen (de igne 9, 64), sowie auch besser in höher gelegenen Gegenden als in den Niederungen.

So viel Wertvolles uns indes hier mitgeteilt wird, so vermissen wir doch manches Wesentliche, das notwendig ist, damit wir uns eine klare Vorstellung von der griechischen Art der Feuerbereitung machen können. Wir erfahren nicht, welche Form die ἐσχάρα hatte, nicht, ob, was wahrscheinlich ist, ein Loch in dieselbe gemacht wurde, um den Bohrer einzusetzen, nicht, ob in dieses Loch ein Zunder eingestreut wurde, wie das zur leichteren Entzündung des Feuers heutzutage bei gewissen Völkern geschieht (Klemm II. S. 67), nicht, in welcher Weise man die ἐσχάρα beim Drehen festhielt, endlich nicht, welcher Hilfsmittel man sich bei diesem Drehen selbst bediente. Denn das scheint festzustehen, dass die Feuerbereitung mittels solcher Hölzer ein sehr ermüdendes Geschäft ist, weshalb sich da, wo sie noch in Gebrauch ist, immer mehrere Personen dabei ab-

---

καλουμένης ἀθραγένης τὴν ἐσχάραν, τὸ δὲ τρύπανον δάφνης. οὐ γὰρ ἐκ τοῦ αὐτοῦ κοινὸν καὶ πάσχον, ἀλλ' ἕτερον εὐθὺς κατὰ φύσιν. ἀγαθὰ δὲ καὶ ἐκ ῥάμνου καὶ μάλλον εἰς τὴν ἐσχάραν πρὸς δὲ τῷ ξηρῷ καὶ ἄχυμον εἶναι καὶ μανότητά τινα ἔχει, ἔτι δὲ τοῦθ' ὑπάρχειν ἐν ᾗ τρῖψις ἰσχύη. τὸ δὲ τρύπανον ἀπαθέστερον εἶναι, διὸ τῆς δάφνης ἄριστον ἅμα γὰρ ἀπαθὲς ὂν ἐργάζεται τῇ δριμύτητι. Vgl. 3, 29: ἐκ μικρῶν γὰρ ξανόντων ὥσπερ ναμάτιον καὶ ἡ φλὸξ γίνεται. διὸ καὶ τὰ κυρεῖα τῇ τρῖψει τὸ αὐτὸ τοῦτο ποιεῖ.

lösen. Die Handhabung der Hölzer haben wir uns dabei so vorzustellen, wie sie bei den alten Indern geschah und bei vielen Völkern noch im Gebrauch ist: der Feuer Bereitende setzt sich auf einen Stein oder auch auf den Erdboden nieder und stellt die Füsse auf die beiden Enden des auf der Erde liegenden Holzes, der ἐσχάρα, dann setzt er den Feuerbohrer, das τρύπανον, in eine Vertiefung der ἐσχάρα ein und dreht ihn zwischen den beiden Handflächen hin und her, bis das Holz sich entzündet. Eine bedeutende Erleichterung gewährt es dabei, wenn das als Bohrer dienende Holz nicht mit der blossen Hand, sondern mittels einer Schnur oder eines Riemens gedreht wird. Und darauf scheint der Name τρύπανον hinzuweisen, wenigstens nach der homerischen Stelle Od. 9, 384, wo der Dichter die Art, wie dem Polyphem das Auge ausgebohrt wird, mit der Anwendung eines Bohrers, τρύπανον, vergleicht, mit welchem ein Schiffsbalken so durchbohrt wird, dass ein Mann von oben drückt, während andere zu beiden Seiten den Riemen hinundherziehen und so den Bohrer in Bewegung setzen [1]). Man nimmt gewöhnlich an, τρύπανον sei der grosse, von mehreren gehandhabte und mittels eines Riemens gedrehte Bohrer, der Drillbohrer, τέρετρον dagegen der kleine Bohrer (Grashof, das Schiff bei Homer S. 6). Allein Blümner (Technol. und Termin. II. S. 354) hat nachgewiesen, dass diese Unterscheidung nicht berechtigt sei, da τρύπανον die allgemeine Bezeichnung für jede Art von Bohrer ist. Der Drill- oder Drehbohrer, der durch die darum gewickelte Schnur eines Bogens gedreht wird, führt den Namen ἀρίς, und Blümner gibt S. 226 mehrere Abbildungen dieses Bohrers und seiner Anwendung nach antiken Bildwerken. Wir können somit aus der homerischen Stelle nicht den Schluss ziehen, dass, weil hier ein τρύπανον mit dem Riemen gedreht wird, auch das so benannte Feuerzeug immer mittels eines solchen gedreht worden sei. Da aber die Griechen es verstanden, den Holzbohrer mit einem Riemen zu bewegen, und da sie das bohrende Feuerholz mit demselben Namen τρύπανον oder τέρετρον bezeichneten, so ist es immerhin sehr wahrscheinlich, dass sie auch bei dem Gebrauch der πυρεία sich dieser grosse Erleichterung gewährenden Einrichtung bedient haben werden, obgleich nirgends von derselben die Rede ist [2]). Von dem gewöhnlichen τρύπανον, dem Werkzeug der Zimmerleute, unterschied sich das τρύπανον als bohrendes Feuerholz natürlich dadurch, dass es nicht wie jenes eine

---

[1]) Wenn bei Eurip. Cycl. 160 ὀχλοί χαλκοί genannt sind, so macht das keinen Unterschied; denn auch der eine Riemen musste an seinen beiden Enden gefasst werden, während er zugleich um den Bohrer geschlungen war, und so kann Euripides von zwei Riemen reden, obschon nur ein einziger angewendet wurde.

[2]) Die Beschreibungen und Abbildungen von der Handlung des Feuermachens durch Hölzer bei vielen Naturvölkern, bei den Insulanern der Südsee und den Bewohnern Südafrikas, wie bei den Grönländern und den Indianern Amerikas, zeigen uns deutlich genug, wie wir uns den Gebrauch der πυρεία bei den Alten zu denken haben. Peschel S. 143 ff. unterscheidet verschiedene Methoden, welche zugleich die Entwicklungsgeschichte dieser Art von Feuerzeugen darstellen.

1. Das älteste Verfahren hat sich bei den Polynesiern erhalten. Ein Stab wird schräg in der Rinne eines ruhenden Holzstücks so lange hin und her gerieben, bis dieses zu glühen beginnt.

2. Mindere Anstrengung erforderte der Feuerbohrer, dessen altertümlichste Vorrichtung die war, dass zwei Hölzer zusammengeschnürt, zwischen sie ein zugespitzter Stab geklemmt und durch quirlartige Bewegung Feuer entzündet wurde.

3. Ein weiterer Fortschritt war die Erkenntnis, dass zur Unterlage ein einziges Stück genüge, wenn vorher in dieses eine Vertiefung zum Einsetzen des Feuerbohrers eingeschnitten werde.

eiserne Spitze hatte. Daher Hesych.: ἀγάλκευτα τρύπανα· τὰ φρύγια. πυρεῖα. Σοφοκλῆς Φωτὶ ποιμένι (fr. 638). Das Wort φρύγιος ist nach Hesych. gleichbedeutend mit ἔηρός, die ἀγάλκευτα τρύπανα sind also trockene Hölzer ohne Eisen, die als πυρεῖα dienen. Wenn Hesych. sodann über den πυρεύς sagt: πυρεύς· καὶ τὸ ἀνὰ τοῦ πάχεος τρύπανον ἐμβαλλόμενον ξύλον ἤαμνης ἢ δάφνης, so scheint er irrtümlicher Weise diesen mit dem τρύπανον zu identifizieren, während er vielmehr, wie wir wissen, gleichbedeutend mit der Unterlage, ἐσχάρα, ist. Denn jene unklaren Worte können doch wohl keinen andern Sinn haben als den: das Wort πυρεύς bedeutet auch einen Bohrer, der anstatt eines Eisens d. h. anstatt eines gewöhnlichen eisernen Bohrers hineingetrieben wird, nämlich ein Holzstück vom Dornstrauch oder vom Lorbeer. Kuhn (S. 38 Note) vermutet, es dürfte wohl zu lesen sein: ἀνὰ τοῦ πάχεος τρύπανον. wobei der Ausdruck etwas gebessert wird, der Sinn aber der gleiche bleibt.

Das Wort πυρεῖα wurde, wie es scheint, in der Regel nur im Plural sowohl von den Feuersteinen als von den Feuerhölzern gebraucht [1], doch vorzugsweise von den letzteren, im Singular bedeutet es ein Gefäss zur Aufnahme von glühenden Kohlen. Etym. M. πυρεῖα λέγεται· τὰ ξύλα, ἃ τριβόμενα πῦρ ἐργαζή. Hesych.: πυρεῖον· ἀγγεῖον κεράμιον εἰς

4. Seine höchste Vollendung endlich erhielt das Feuerreibzeug durch den glücklichen Einfall, dass der Bohrstift durch eine sich auf- und abwickelnde Schnur in Drehung versetzt werden könne.

Nur bei dem letzten Verfahren wird rasch und leicht Feuer erzeugt, selbst die dritte Art ist nach allen Nachrichten der Reisenden so ermüdend, dass sogar im trockenen Südafrika mehrere Personen bei der Arbeit sich ablösen, und bei grösserer Sättigung der Luft mit Wasserdampf ist überdies der Erfolg sehr unsicher. Bei der vierten Art dagegen sah man das Tannenholz schon nach wenigen Secunden Feuer geben. Diese wird sehr genau beschrieben in dem Buch der Erfindungen, Leipzig und Berlin, Verlag von O. Spamer, Bd. 4, 1866, S. 470, wo zur Erklärung einer Abbildung Folgendes gesagt ist:

Die Sache hat ihre eigenen Vorteile, deren wichtigster darin besteht, die Bewegung der Hölzer auf einander möglichst rasch und möglichst lange ohne zu grosse Anstrengung fortsetzen zu können. Zu diesem Behuf hat man diesem Feuerzeuge fast in allen Erdteilen gleicherweise folgende Einrichtung gegeben. Ein Brett oder Holzklotz von 6—8 Zoll Länge, aus weichem Holze, hat auf seiner Oberfläche mehrere halbrunde Vertiefungen, in welche ein etwa halbzoll- oder zollstarker Stab von hartem Holze eingestemmt werden kann. Die Löcher in dem ersteren Holzstücke werden dann, wenn Feuer angemacht werden soll, mit einem leicht fangenden Zunder, vermodertem Holze oder dergleichen, angefüllt, und der harte Holzstab wird in dieser Masse in eine schnell rotierende Bewegung versetzt, entweder, indem er wie ein Quirl mit den Händen gedreht wird, oder, und zwar besser, indem man eine an einen Bogen befestigte Schnur um ihn wickelt und durch deren Auf- und abziehen die Bewegung unterhält. Während das Zunderbrett mit den Füssen festgehalten und von der einen Hand die Schnur regiert wird, hält die andere den Friktionsstab durch ein oben angebrachtes Querholz fest, damit er nicht aus seiner Vertiefung herausspringt. Es ist möglich, durch eine solche Vorrichtung dem Stab eine ungemein rasche Drehung und durch den Druck mit der linken Hand eine sehr bedeutende Reibung zu geben. Die Hitze, die sich in Folge dessen erzeugt, genügt, um sehr bald den Zunder ins Glimmen zu bringen, und die schwachen Funken leiten sich rasch zur hellen Flamme, wenn trockenes Heu, Stroh oder andere leicht feuerfangende Gegenstände um das Holzstück gewickelt, und durch Laufen oder Wehen mit den Armen ein lebhafter Luftzug hervorgerufen wird. — Am gründlichsten ist aber dieser Gegenstand behandelt in dem Werk Researches into the early history of mankind, by Edward Tylor, Edit. II, London 1870, S. 231 ff., welchem auch eine Anzahl sehr instruktiver Abbildungen von der Handhabung der Feuerhölzer beigegeben ist. Vgl. Rauber, Urgeschichte der Menschen, Bd. 1, Die Realien, Leipz. 1904, S. 104 f.

[1] Im Singular findet sich πυρεῖον als Feuerzeug bei Theophr. hist. plant. 5, 9, 6, bei Galen. de temper. 3, 79 und bei Zonar. Lex. s. v.

πυρὸς ἐνᾶτων. Suid.: πυρεῖον θυματήριον [1]). Die Worte, welche Suidas weiter hinzufügt: οἱ δὲ Ἕλληνες κατέλιπον πυρεῖα καὶ ζάλα. ὥστε Σίνων σακτὸν ἐνᾶυνον. hat Bernhardy so verbessert: οἱ δὲ Ἕλληνες κατέλιπον Σίνωνι σακτὸν ἐνᾶυνον. πυρεῖα καὶ ζάλα ἔχντις.

Über die fomites, ἐκκαύματα (Soph. fr. 218), auch πύρσωον genannt (Hesych.: πύρσωον εἰς ὃ ἂν πῦρ ἐνᾶυται. ζάλων ἢ φλάτων ἢ τοιοῦτό τι) handelt Poll. 10, 110 f., er zählt aber nur Späne, Reisig und klein gespaltene Hölzer verschiedener Art auf. Ausserdem Kohlen und Kohlenstaub, μαφάλη. Als hauptsächlichstes Hilfsmittel bei der Bereitung des Feuers haben wir aber den Schwefel, θεῖον, zu betrachten, der, wie wir aus den angeführten Stellen des Galen und Nonnus gesehen haben, bei den Feuersteinen auch in der Weise angewendet wurde, dass man diese mit demselben bestrich.

3. Die Feuerzeuge der Römer.

a. Die Steine.

Wir setzen gleich die Hauptstelle voran, in welcher beide Arten von Feuerzeugen als gleicherweise im Gebrauch stehend angeführt werden, und zwar in der historischen Zeit, zur Zeit Senecas. Nachdem Seneca nat. quaest. 2, 22 vom Blitz und Wetterleuchten, fulmen und fulguratio, gesprochen und nachgewiesen hat, dass beide Feuer seien, fährt er fort: Quoniam constat utramque rem igneam esse, videamus, quemadmodum ignis fieri soleat apud nos. Eadem enim ratione et supra (bei jenen beiden Naturerscheinungen) fiet. Duobus modis: uno, si excitatur sicut ex lapide [percusso], altero, si adtritu invenitur, sicut cum duo ligna inter se diutius fricta sunt. Non omnis hoc tibi materia praestabit, sed idonea eliciendis ignibus, sicut laurus, hederae et alia in hunc usum nota pastoribus. Potest igitur fieri, ut nubes quoque ignem eodem modo vel percussae reddant vel attritae.

Als die ursprünglichen Feuerzeuge (ignitabula Solin. 11, vgl. Macrob. Saturn. 2, 8: fomitem et ignitabulum ingenii virtutisque. Dagegen Festus: ignitabulum ignis receptaculum. Plin. 16, 207 igniaria) erscheinen bei den Römern die Steine. Es ist der igniarius lapis (Marc. Empir. 33), der pyrites (Plin. 36, 138), der den ältesten Menschen wie den Heroen das Feuer verschafft. Vergil erzählt Georg. 1, 129, wie nach Verfluss des goldenen Zeitalters unter Saturnus der neue Herrscher Jupiter den Menschen ein mühevolleres Leben bereitet und durch das Bedürfnis sie zu mannigfachen Erfindungen genötigt habe. So hat er ihnen auch das Feuer entrückt, damit sie es aus den Adern des Kiesels, wo es verborgen ist, herausschlagen müssen: ut silicis venis abstrusum excuderet ignem (usus), vgl. Än. 6, 6: quaerit pars semina flammae abstrusa in venis silicis [2]) (Servius: abstrudere est de industria celare), und 1, 174:

[1]) Wenn Nicephorus Breviar. 19, 13 (in der Ausg. von Boor p. 16) berichtet: εἰς τὴν Περσικὴν εἰσβολὼν τάς τε πόλεις καθῄρει καὶ τὰ πυρεῖα διέστρεφεν, so haben wir unter den πυρεῖα ohne Zweifel die persischen Tempel mit dem h. Feuer (also als Feuerstätten) zu verstehen. Dagegen gebraucht Ignatius Vita Niceph. S. 199 (bei Boor) das Wort πυρεῖον in der Bedeutung von turibulum.

[2]) Der Funken sprühende silex ist auch das Symbol des Blitze schleudernden Donnergottes, des Jupiter Lapis, wie der altgermanische Donnerstein. Bei ihm wird geschworen, mit ihm vollzieht in dem Fetialenritus der pater patratus das Bundesopfer. Fest. S. 115: Lapidem silicem tenebant iuraturi per Jovem. Liv. 1, 24, 30, 43. Polyb. 3, 25. Vgl. Preller, röm. Mythol. A. 3, I, 247 f. Helbig, die Ital. S. 93. Grimm, Myth. I. S. 149.

Ac primum silici scintillam excudit Achates
Suscepitque ignem foliis atque arida circum
Nutrimenta dedit rapuitque in fomite flammam.

Das *rapere* ist ruptim vibrando excitare. Vgl. Ovid. Met. 3, 374. 15, 350. Womit der silex geschlagen wurde, ist nicht gesagt, wir müssen dafür die zweite Hauptstelle Plin. 36, 138 zu Hilfe nehmen: Pyritarum etiamnum unum genus aliqui faciunt. Plurimum habent ignis ii, quos vivos appellamus; ponderosissimi sunt ii, exploratoribus castrorum maxime necessarii, qui clavo vel altero lapide percussi scintillam edunt, quae excepta sulfure aut fungis aridis vel foliis dicto celerius praebet ignem.[1]

Das Wichtigste in dieser Plinianischen Stelle ist die Unterscheidung clavo vel altero lapide. Das Schlagen von Stein gegen Stein finden wir bei den Hirten, die am Palilienfest Feuer anmachen, Ovid. Fast. 4, 795:

Pars quoque, cum saxis pastores saxa feribant,
Scintillam subito prosiluisse ferunt;
Prima quidem periit, stipulis excepta secunda est:
Hoc argumentum flamma Parilis habet.

Und auf dasselbe deutet auch Cic. nat. deor. 2, 9, 55: lapidum conflictu atque tritu elici ignem videmus. Dass die Steine auch noch in später Zeit im Gebrauch waren, zeigt eine Stelle bei Eugippius vita Severini c. 14: flammam concussis ex more lapidibus elicere. Das Schlagen von Eisen gegen Stein findet sich auch an zwei Stellen bei Lucrez, 6, 160:

Fulgit item, nubes ignis cum semina multa
Excussere suo concursu, ceu lapidem si
Percutiat lapis aut ferrum; nam tum quoque lumen
Exsilit et claras scintillas dissipat ignis.

Und 6, 314:

Ut, lapidem ferro cum caedimus, evolat ignis,
Nec, quod frigida vis ferri est, hoc setius illi
Semina concurrunt calidi fulgoris ad ictum.

---

[1] Die Anfangsworte dieser Stelle beziehen sich darauf, dass Plinius im Vorausgehenden davon gesprochen hat, es gebe mehrere Arten von Steinen, die den Namen pyrites führen. Er sagt: molarem quidam pyriten vocant, quoniam plurimus sit ignis illi, sed est alius spongeosior tantum et alius etiamnum pyrites similitudine aeris, und unterscheidet somit drei Arten von Steinen, die pyrites heissen, den lapis molaris, einen anderen poröseren Stein und einen dritten, der dem Erz ähnlich ist. Mit diesem Steinen verhält es sich so: Der eigentliche Feuerstein ist der hier nicht genannte silex (Plin. 7, 198. Verg. a. a. O.), Kieselsäure; was bei ihm zündet, ist der abgerielene glühende Stahl. Er ist es, der überall von den ältesten Völkern gebraucht wurde, und der in den verschiedenen sedimentären, d. h. durch Niederschläge der im Wasser suspendierten Schlammteile entstandenen, horizontal abgelagerten Erdschichten des Jura und der Kreide sich in Masse vorfindet. Der pyrites dagegen ist Schwefel- oder Eisenkies, bestehend aus zwei Teilen Schwefel und einem Teile Eisen. In Folge des darin enthaltenen Schwefels zündet der aus dem pyrites geschlagene Funke andere kohlige Körper viel leichter an als der Funke aus dem silex, und er wurde deshalb auch im Mittelalter als Feuerstein an den Büchsen allgemein benutzt. Er hat einen gelblichen Glanz, was Plinius mit similitudo aeris ausdrückt. Der [molaris] spongeosus dagegen ist ein vulkanisches Produkt, bei dem nur die darin enthaltenen Teile des silex Feuer geben, die Lava selbst gibt kein Feuer. Der zuerst genannte Stein, den Plinius als molaris bezeichnet, ist von dem spongeosus nicht wesentlich verschieden. Beide sind nur zwei durch den Grad der Porosität verschiedene Arten von Lava. Vgl. Nissen, Italische Landeskunde, Bd. I. 1883, S. 281: Die Junier, welche Naxos und Katane gründeten, lernten die Lavaströme des Ätna kennen und fürchten. Das Gestein hiess ihnen μύλιας λίθος, weil seine Härte es zu Anfertigung von Mühlen empfahl. Die Römer übersetzten das Wort mit lapis molaris.

3

Lucrez entwickelt im Zusammenhang dieser Stelle die Ansicht, dass das Feuer durch die Gewalt des Stosses selbst hervorgerufen werden könne, wenn auch das Stossende an und für sich nicht feuriger Art sei. So ist es bei heftig anprallendem Winde, wo teils aus ihm selbst teils aus dem getroffenen Gegenstande die feurigen Stoffe sich bilden, und ebenso bringt auch das an sich kalte Eisen nicht den feurigen Samen mit, sondern dieser entsteht erst durch den Schlag (Vgl. Ovid. Metam. 15, 346 f.) [1]). Dieses Eisen heisst bei Plinius clavus. Wz. kal, schlagen, erschüttern; clavus ist also das Geschlagene, sowohl das Eisen, das gegen den Feuerstein geschlagen wird, als der Nagel, der eingeschlagen wird [2]).

b. Die Hölzer.

Calidae, sagt Plinius 16, 207, wo er von der Beschaffenheit der verschiedenen Bäume spricht, et morus, laurus, hedera et omnes, e quibus igniaria fiunt, und fährt dann fort: Exploratorum hoc (d. h. die Feuerhölzer) usus in castris pastorumque reperit, quoniam ad excudendum ignem non semper lapidis occasio est. Teritur ergo lignum ligno ignemque concipit attritu, excipiente materia arida fomitis, fungi vel foliorum facillimo conceptu. Sed nihil hedera praestantius, quae teratur, lauro, quae terat. Probatur et vitis silvestris, alia quam labrusca, et ipsa hederae modo arborem scandens. S. 2, 239: addantur humani ignes (d. h. durch Menschenhand hervorgebrachte) et lapidum quoque insiti naturae attrituque inter se ligni (attritu nach Sillig Dativ, abhängig von insiti, vielleicht eher Ablativ: hervorgebracht durch das Reiben). Was Plinius über die zum Reiben geeigneten Holzarten sagt, das stimmt mit der Ausführung Theophrasts ganz überein, sofern von beiden der Lorbeer als das beste Material für das reibende Holz bezeichnet wird, für das geriebene der Epheu (Theophr. de igne 9, 64). Die vitis silvestris, welche neben diesem empfohlen wird, ist ohne Zweifel die ἀθραγένη, Theophrasts [3]).

---

[1]) Lactant. de ira Dei c. 10 berührt bei seiner Widerlegung der Lehre von den Atomen gleichfalls Stein und Eisen: Quid quod durissimi rigoris materiae si ictu vehementiore collidantur, ignis excutitur? Num in ferro aut silice atomi latent? Quis inclusit? aut cur sua sponte non emicant, aut quomodo semina ignis in materia frigidissima permanere potuerunt? Omitto silicem ac ferrum.

[2]) Nach diesen Stellen über die Anwendung des Eisens bei den Römern erscheint es als ganz unrichtig, wenn A. Erman in seinem Vortrag über die Geschichte des Feuerzeugs bei den Urvölkern S. 97 f. mit Bestimmtheit das Fehlen des Stahls und seiner Anwendung zum Feuerschlagen im griechischen wie im römischen Altertum behauptet und darauf die Ansicht gründet, der Feuerstahl sei eine mittelasiatische oder vorasiatische Erfindung, und die Kunst des Feuerschlagens sei nach Spanien, bei weitem früher als nach anderen Gegenden von West-europa, direkt aus Mittel-Asien gelangt, zugleich mit der bis jetzt gebräuchlich gebliebenen asiatischen Zunderbereitung. Andererseits fällt auch der Schluss, den man gewöhnlich macht, dass die Hervorbringung des Feuers durch Hölzer schon darum älter sein müsse, als die durch Steine, weil die zweite die Kenntnis der Metalle voraussetze, dadurch, dass nach den angeführten Stellen das Feuer bei den Griechen immer, bei den Römern wenigstens teilweise ohne Stahl durch das Zusammenschlagen zweier Steine hervorgerufen wurde. Und sicherlich konnte der sprühende Funke eines zufällig angeschlagenen Kiesels die Menschen ebenso früh auf diese Art von Feuerbereitung hinleiten, als die zufällige Erwärmung und Entzündung geriebener Hölzer.

[3]) Die ἀθραγένη Theophrasts und die vitis silvestris des Plinius, beide die wilde oder Waldrebe, sind rankende oder Schlingpflanzen, nicht aber, wie Kuhn meint, Schmarotzergewächse. Von unserer Alpenwaldrebe (Athragene L.) und der gewöhnlichen Waldrebe (Clematis) war die bei den Griechen und Römern für die Feuerzeuge verwendete Species ohne Zweifel verschieden. Vgl. Wittstein, etymolog.-botan. Handwörterbuch. Ansbach 1852. S. 84 u. 568.

Besondere Namen für beide Hölzer, wie im Griechischen ἐσχάρα und τρύπανον, werden nicht angeführt, dagegen lernen wir aus Festus (S. 106, ed. O. Müller) wenigstens die Form der Hölzer kennen. Ignis Vestæ, sagt er, si quando interstinctus esset, virgines verberibus afficiebantur a pontifice, quibus mos erat tabulam felicis materiæ tam diu terebrare, quousque exceptum igneum cribro æneo virgo in ædem ferret. Mit dem terebrare ist hier das bohrende Holz bezeichnet, wie mit tabula das leidende, das ἐσχάρα ὅπτον, das eherne Sieb aber war ein ganz passendes Gefäss, um mittels des durch die Öffnungen strömenden Luftzugs die Glut stärker anzufachen und zu erhalten (O. Müller a. a. O). Die materia felix war das Holz der in der Sacralsprache vorkommenden arbores felices, von welchen Macrob. Saturnal. 3, 20, 2 handelt. Es sind hier die arbores felices aufgezählt, wir finden aber unter ihnen nicht diejenigen Arten, aus welchen sonst die τρυπία verfertigt werden, sondern es sind nur die gewöhnlichen nutzbaren Wald- und Obstbäume.

Sehr bemerkenswert ist die Äusserung des Plinius, dass es das Bedürfnis der Kundschafter im Felde und der Hirten sei, das die Erfindung der Feuerhölzer hervorgerufen habe, weil man, um Feuer zu schlagen, nicht immer die nötigen Steine zur Hand habe. Daraus sowie aus den Worten bei Seneca: et alia in hunc usum nota pastoribus dürfen wir wohl den Schluss ziehen, dass die Feuerbereitung durch Hölzer vorzugsweise der ländlichen Bevölkerung angehörte, die die rechten Holzarten am besten kannte, während sie den Feuerstein sich nicht immer verschaffen konnte, und die auch ohne Zweifel die Manipulation des Reibens, die noch jetzt den Naturvölkern vorzugsweise gelingt, am besten verstand. Und derselben Feuerzeuge bedienten sich auch die Kundschafter, die schnell und aller Arten Feuer mussten anfachen können, sofern sie jene beste Art von Feuersteinen, die vivi genannt wurden, nicht zur Hand hatten [1]). Die städtische Bevölkerung dagegen scheint sich besonders der lapides und des clavus bedient zu haben, was jedenfalls das leichtere und bequemere Verfahren war. Als fomes gebrauchte man nach Plin. 16, 207. 36, 138 Schwefel [2]), getrocknete Schwämme und dürre Blätter, ferner, um die Flamme stärker anzufachen, Kienholz (faces), trockene Baumrinde (cortex siccus), Holzspäne (assulæ. Fest. p. 84: fomites sunt assulæ ex arboribus, dum cæduntur, excussæ) und dürres Reisig (arida ramalia, von den Landleuten cremia genannt. Ov. Metam. 8, 644. Colum. 12, 19, 3).

[1]) Von besonderem Wert wäre es zu wissen, wie die Soldaten im Felde ihr Feuer gemacht haben. Hier müssten doch wohl die Feuerzeuge ihre ausgiebigste Verwendung gefunden haben. Aber leider ist in unseren Stellen nirgends von dem Feuermachen der Soldaten die Rede. Nur von den Kundschaftern spricht Plinius (16, 207. 36, 181), diese aber waren durch ihren Beruf häufig von den andern Soldaten getrennt und auf sich selber angewiesen.

[2]) Über den Schwefel sagt Seneca nat. quaest. 1, 1: Nam apud nos quoque (d. h. bei uns auf Erden wie bei analogen Erscheinungen in den Wolken) stramenta sulfure aspersa ignem ex intervallo trahunt, und Ovid. Met. 3, 374 spricht von sulfura vivacia, mit Rücksicht auf die rasche Entzündung des Schwefels am nahe gebrachten Feuer. Vgl. Rem. am. 731. In Brockhaus Conversat.-Lex. A. 13. Bd. 6. S. 771, sowie in einem Artikel der Deutsch. Feuerwehrzeitung, Jahrg. 15, Stuttg. 1876. »Zur Geschichte der Feuerzeuge« S. 19, findet sich die Bemerkung: »Zu Tacitus Zeiten bestand das Feuerzeug aus einem Schwefelstängelchen, dessen Spitze in vermodertes Holz gesteckt und durch Reibung an einer Steinplatte in Brand gesetzt wurde.« Es ist aber leider keine Beweisstelle angegeben, und der ganze Vorgang ist auch sehr zu beanstanden; denn der Schwefel entzündet sich nicht durch Reibung.

Bei Lucrez finden wir auch eine Theorie darüber aufgestellt, wie den Menschen auf natürlichem Wege, durch Reibung, das Feuer zugekommen sein möge. 1, 897:

> At saepe in magnis fit montibus, inquis, ut altis
> Arboribus vicina cacumina summa terantur
> Inter se, validis facere id cogentibus austris,
> Donec flammai fulserunt flore coorto.

Und 5, 1094:

> Et ramosa tamen cum ventis pulsa vacillans
> Aestuat in ramos incumbens arboris arbor,
> Exprimitur validis extritus viribus ignis
> Et micat interdum flammai fervidus ardor.
> Mutua dum inter se rami stirposque teruntur;
> Quorum uterque dedisse potest mortalibus ignem.

Lucrez kennt zwei Wege, wie das Feuer den Menschen mitgeteilt worden sein kann, einmal durch den Blitz (5, 1090: fulmen detulit in terras mortalibus ignem primitus) und zweitens durch die Reibung vom Winde heftig bewegter Wipfel und Äste nahe stehender Bäume, welche dadurch in Brand geraten. Auch bei Servius (zu Aen. 1, 743) begegnen wir dieser Vorstellung. Er sagt: Unde ignes: scilicet ex nubium collisione. Nam omnium rerum collisio ignem creat, ut in lapidibus cernimus vel attritu rotarum vel in silvis arborum. Dass die Menschen durch die Beobachtung dieser Naturerscheinung veranlasst worden seien, selbst Feuer durch eine ähnliche Reibung von Hölzern hervorzubringen, davon sagt Lucrez nichts, es liegt aber nahe, daran zu denken, wenn man diese natürliche Erzeugung des Feuers für möglich hält. So spricht Kuhn S. 104 davon, wie man das Geheimnis der Feuerentzündung der Natur abgelauscht habe, »indem man im Urwald einen dürren, vom Sturm gepeitschten Rankenschoss in eines Astes Höhlung endlich aufflammen sah«, und teilt die Notiz mit, dass nach der Behauptung der Leute jenseits des Ural Waldbrände dort häufig dadurch entstehen, dass ein Baum durch den Sturm geknickt und auf einen anderen geworfen werde, worauf bei heftiger Himmelherbewegung beider Stämme Feuer zum Vorschein komme. Mag man indes über die Möglichkeit, dass Bäume sich auf solche Weise entzünden, denken wie man will (Peschel S. 145 bezweifelt sie trotz jener Mitteilung), so liegt es doch jedenfalls näher anzunehmen, dass die bei der Bohrung hölzerner Werkzeuge eintretende Erhitzung und zufällige Entzündung von Feuer die Menschen auf diese Art von Feuerbereitung hingeleitet habe. — Kuhn hat bei der Besprechung der Feuerhölzer auch darauf hingewiesen, dass Inder, Griechen und Römer bei der Wahl des Holzes diejenigen Gewächse aussuchten, die schon die Natur miteinander vereinigt hatte, nämlich Schlingpflanzen und Schmarotzergewächse, und die Bäume, die sie sich zur Stütze erwählen, und hat dabei den Gedanken entwickelt und begründet, dass die Erzeugung des Feuers in den religiösen Vorstellungen dieser Völker, namentlich der Inder, als ein Akt der Zeugung aufgefasst werde, wofür er eine sehr bezeichnende Stelle aus einem Liede des Rigveda anführt (S. 70. 103). Dass die von den griechischen Dichtern gebrauchten Ausdrücke: männlicher und weiblicher Stein, und Theophrasts leidendes und handelndes Holz eben darauf hinweisen, liegt auf der Hand.

4. Die Brennspiegel.

Ein Brennspiegel [oder vielmehr Brennglas, s. Note 1] wird erwähnt in den Wolken des Aristophanes 766 ff., wo Sokrates dem Strepsiades die Frage vorlegt, wie er es angreifen würde, um sich eine Klage auf Bezahlung von fünf Talenten vom Halse zu schaffen. Strepsiades besinnt sich eine Weile, dann fällt ihm ein Mittel ein.

> Στρεψ. ἤδη παρὰ τοῖσι φαρμακοπώλαις τὴν λίθον
> ταύτην ἑόρακας, τὴν καλήν, τὴν διαφανῆ,
> ἀφ' ἧς τὸ πῦρ ἅπτουσι; Σωκρ. τὴν ὕαλον λέγεις;
> Στρεψ. ἔγωγε. φέρε, τί δῆτ' ἄν, εἰ ταύτην λαβών,
> ὁπότε γράφοιτο τὴν δίκην ὁ γραμματεύς,
> ἀπωτέρω στὰς ὧδε πρὸς τὸν ἥλιον
> τὰ γράμματ' ἐκτήξαιμι τῆς ἐμῆς δίκης;

Nach den Scholien (ed. Dübner f. S. 116) hiessen φαρμακοπῶλαι in der alten Zeit nicht bloss diejenigen, welche heilsame oder todbringende φάρμακα verkauften, sondern auch die Verkäufer werthvoller Steine: οὐδεὶς γὰρ τῶν τοιούτων λίθων ὃς οὐκ ἔχει καινοτέραν δύναμιν d. h. eine ungewöhnliche, überraschende Kraft und Wirkung. Wahrscheinlicher aber ist, dass sie solche λίθοι, sofern es Brenngläser oder Brennspiegel waren, bei sich führten, um Neugierige anzulocken. Zu den Worten: τὴν ὕαλον λέγεις bemerken die Scholien: κατασκεύασμά ἐστιν ὑάλου τροχοειδές, ἐς τοῦτο τεχνασθέν, ὅπως ἐλαίῳ χρίοντες καὶ [ἡλίῳ] θερμαίνοντες προσάγουσι θρυαλλίδα (einen Docht) καὶ ἅπτουσι [1]). Das Wort ἡλίῳ fehlt in den Scholien, ist aber beigefügt aus Suidas s. v. ὕαλη, ὕαλος, bei dem sich die Stelle ganz ebenso vorfindet, nur mit zwei Abweichungen: einmal hat er den Beisatz ἡλίῳ, und dann heisst es bei ihm: ἔτι δὲ κατασκεύασμα ὑάλου τροχοειδὲς ἡλίατρον, wo jedenfalls zu lesen ist ἢ ἡλίατρον. Dieses Elektron kann nichts anderes sein als ein Metall, nach Schweigger wäre es Platina (s. Bernhardy zu dieser Stelle). Der Brennspiegel führt also hier den allgemeinen Namen λίθος (Kristall) und ὕαλος; er erscheint als etwas Bekanntes, das aber doch für die Menge eine Merkwürdigkeit ist. — Von dem Material, aus dem die Brennspiegel verfertigt werden, handelt ausführlich Theophrast de igne 13, 73. Er bespricht an dieser Stelle die Ursache, warum man an der Sonne durch Rückstrahlung von einer glatten Fläche (τῇ ἀνακλάσει ἀπὸ τῶν λίων) ein Licht anzünden könne, nicht aber an einem Feuer, und fährt dann fort: ἐξάπτεται δὲ ἀπό τε τῆς ὑάλου καὶ ἀπὸ τοῦ χαλκοῦ καὶ τοῦ ἀργύρου τρόπον τινὰ ἐργασθέντων. Vgl. Heron-

---

[1]) Vgl. Philemon Gramm. §. 218, S. 171 (Osann): ὕαλος παρ' Ἀττικοῖς, ὁ ὕαλος καὶ ὑαλοῦν διαφανές. Ἀριστοφάνης τὴν ὕαλον λέγει; ἔστι κατασκεύασμά ἐστιν ὑάλου τροχοειδές, εἰς χρή, ἐφ' οὗ γίνοντες Παῖον καὶ χρίοντες αὐτὴ καὶ θερμαίνοντες προσάγουσι θρυαλλίδα· καὶ οὕτως ἅπτουσιν. Es fragt sich, an was wir bei dem ὕαλος zu denken haben, ob an Brenngläser, die durch Reflexion wirken, oder an Brennspiegel, bei welchen Refraktion statt findet. Poggendorf, Gesch. der Physik. Leipz. 1879, S. 24, denkt an die ersteren. Er sagt: »Es ist manchmal bezweifelt worden, ob die Alten Brenngläser gekannt haben, allein ohne Grund; es finden sich mehrere Andeutungen, welche dies ausser Zweifel setzen. Allein es muss unentschieden bleiben, von welcher Form diese Brenngläser waren, ob nämlich Kugeln von Glas, Kugelsegmente oder eigentliche Linsen. Eine Art von Linse wird wohl durch den Ausdruck κατασκεύασμα τροχοειδές (radförmig) bezeichnet. — Dagegen haben wir, wo von Brennspiegeln die Rede ist, ohne Zweifel immer an metallene zu denken, da die belegten Glasspiegel den Alten unbekannt waren. (Poggend. S. 21).

klides Allegor. Hom. c. 26 p. 148: φυσικῶς γάρ κατ' ἀρχὰς οὐδέπω τῆς τοῦ πυρὸς χρήσεως ἐπιπολαζούσης ἄνθρωποι χρονικῶς χαλκοῖς τισιν ὀργάνοις κατεσκευασμένοις ἐφειλκύσαντο τοὺς ἀπὸ τῶν μετεώρων φερομένους ἀκινδύνας κατὰ τὰς μεσημβρίας ἐναντία τῷ ἡλίῳ τὰ ὄργανα τιθέντες. Die Stoffe, die zu den Brennspiegeln verwendet werden, sind also Glas, Erz und Silber. Dem Plinius erscheinen die Brennspiegel besonders wegen der Leichtigkeit, mit der das Feuer durch sie erzeugt wird, als merkwürdig. Er sagt 2, 239: Excedit profecto miracula omnia ullum diem fuisse, quo non cuncta conflagrarent, cum specula quoque concava [1]) adversa solis radiis facilius etiam accendant quam ullus alius ignis d. h. leichter eine Flamme entzünden als irgend eine andere feurige Kraft. Vorher war von den lapides und fulmina die Rede. Die Brennspiegel erscheinen also hier als das leichteste Mittel, um Feuer zu gewinnen, aber einen Schluss auf den Gebrauch derselben im gewöhnlichen Leben daraus zu ziehen sind wir nicht berechtigt. Neben den Spiegeln nennt Plinius als demselben Zwecke dienend auch gläserne oder kristallene Kugeln 36, 199: Est autem caloris impatiens (vitrum), ni praecedat frigidus liquor, cum addita aqua vitreae pilae sole adverso in tantum candescant, ut vestis exurant, und 37, 28: Invenio apud medicos, quae sint urenda corporum, non aliter utilius uri putari quam crystallina pila adversis opposita solis radiis [2]). Vgl. Lactant. de ira Dei c. 10: Orbem vitreum plenum aquae si tenueris in sole, de lumine, quod ab aqua refulget, ignis accenditur, etiam in durissimo frigore.

Die wichtigste Stelle über die Brennspiegel aber ist für uns Plut. Numa c. 9, weil sie uns zeigt, dass dieselben für einen bestimmten Zweck ihre regelmässige Verwendung fanden, und zwar für einen religiösen Zweck. Wir erfahren hier, dass das ewige Feuer in Griechenland wie in Rom, wenn es erlosch, nicht an einem anderen Feuer wieder entzündet werden durfte, sondern nur am reinen Sonnenfeuer: οὐ φασιν δεῖν ἀπ' ἑτέρου πυρὸς ἐναύεσθαι (τὸ πῦρ ἄσβεστον), καινὸν δὲ ποιεῖν καὶ νέον ἀνάπτοντας ἀπὸ τοῦ ἡλίου φλόγα καθαρὰν καὶ ἀμίαντον. Als Beispiele führt er an das heilige Feuer im Prytaneum in Athen, das unter der Tyrannis Aristions erlosch (im 1. Jahrh. v. Chr.), das Feuer im Apollotempel in Delphi, der von den Persern verbrannt wurde, und das im Vestatempel in Rom, wo zur Zeit des Mithridatischen und Bürgerkrieges zugleich mit dem Altar auch das darauf brennende Feuer vernichtet wurde. Was das Anzünden des letztgenannten Feuers betrifft, so steht Plutarchs Angabe allerdings im Widerspruch mit der oben angeführten Stelle bei Festus, nach welcher die Vestalinnen das erloschene

---

[1]) Euklid. κατοπτικά prop. 31: ἐκ τῶν κοίλων ἐπὶ ἑτέρων πρὸς τὸν ἥλιον τιθέντων πῦρ ἐξάπτεται.

[2]) Diese gläsernen oder krystallenen Kugeln unterscheiden sich nach der Art ihrer Wirkung wesentlich von den Hohlspiegeln. Die Sonnenstrahlen werden bei ihnen nicht, wie bei diesen, zurückgeworfen, sondern gebrochen, wie bei den Brenngläsern. Sie müssen aber mit Wasser gefüllt sein, was Plinius eigentümlich so ausdrückt, die kalte Flüssigkeit müsse vorangehen, damit das Glas sich erwärmen könne, während das Wasser vielmehr für die Brechung der Sonnenstrahlen und ihre Konzentrierung auf einen Brennpunkt nötig ist. Die Anwendung einer solchen Kugel zur Erzeugung eines reinen Feuers findet sich auch im christlichen Ritus. Binterim, Denkwürdigkeiten der Christ-Katholischen Kirche. Bd. 5, Th. 1, Mainz 1838, sagt S. 215: »Nach dem Codex Ratoldus konnte das neue Feuer (in der Osterwoche) auch durch ein Brennglas vermöge der Sonnenstrahlen hervorgebracht werden: Jubet adefiuri novum ignem cum ampulla a sole illuminatum sive a silice excussum.« Diese ampulla ist aber kein eigentliches Brennglas, sondern ein mit Wasser gefülltes gläsernes Gefäss, wahrscheinlich eine Kugel.

Feuer durch Reibehölzer wieder angezündet hätten, auch ist es auffallend, dass kein anderer Schriftsteller über diesen Vorfall in Rom berichtet, und dass Plutarch selbst den Namen Roms dabei gar nicht nennt. Er sagt nur: (καθάπερ) περὶ τὰ Μιθριδατικὰ καὶ τὸν ἐμφύλιον Ῥωμαίων πόλεμον ἅμα τῷ ζωμῷ τὸ πῦρ ἡφανίσθη, während er vorher doch Athen und Delphi genannt hat. Allein auf der anderen Seite ist die Stelle vollkommen klar, mit dem Feuer, das samt dem Altar zur Zeit jener Kriege zerstört wurde, kann nach dem ganzen Zusammenhang doch nur das Feuer im Vestatempel in Rom gemeint sein, und es muss also, wenn man nicht einen Irrtum Plutarchs statuieren will, angenommen werden, dass in Rom später anstatt des früheren Gebrauchs der Feuerhölzer die Entzündung am Sonnenfeuer durch den Brennspiegel eingeführt wurde, wofür wir überdies auch noch ein weiteres, wenn auch spätes Zeugnis, das Julians, haben, or. IV. p. 155 A: ἄσβεστον γὰρ ἐξ ἡλίου φυλάττουσι φλόγα παρθένοι παρ' ἡμῖν ἱεραί. »Und so unwahrscheinlich an sich eine jede derartige Veränderung in altheiligen Kultusgebräuchen ist, so hat man sich gleichwohl, und schwerlich mit Unrecht, für die Anwendung dieser Methode auch in Rom so ziemlich allgemein entschieden« (Preuner, Hestia-Vesta, Tübing. 1864. S. 284, wo auch die Literatur über diese Frage angegeben ist). Die Entzündung geschah meist durch Hohlspiegel, σκαφεία. Das Wort σκαφεῖον bedeutet eigentlich ein kahnförmiges Trink- oder Schöpfgefäss, ähnlich einem Schmelztiegel, hier ist es in Verbindung mit dem Worte κοιλαινόμενα die allerdings mangelhafte Bezeichnung für einen Hohlspiegel (s. Poggendorf, Gesch. der Physik. S. 21), dessen Beschaffenheit Plutarch folgendermassen beschreibt: ἐξάπτουσι δὲ μάλιστα ταῖς σκαφείαις ἃ κατασκευάζεται μὲν ἀπὸ πλευρᾶς ἰσοσκελοὺς ὀρθογωνίου τριγώνου κοιλαινόμενα, συντείνει δὲ εἰς ἓν ἐκ τῆς περιφερείας κέντρον. Ὅταν οὖν θῶσιν ἐναντίαν λάβῃ πρὸς τὸν ἥλιον, ὥστε τὰς αὐγὰς πανταχόθεν ανακοπτομένας ἀθροίζεσθαι καὶ συμπλέκεσθαι πρὸς τὸ κέντρον, τοῦτό τε διακρίναι τὸν ἀέρα λεπτυνόμενον καὶ τὰ κουφότατα καὶ ξηρότατα τῶν προστιθεμένων ὀξέως ἀνάπτει, κατὰ τὴν ἀντίφραξιν σῶμα καὶ πληγὴν πυρώδη τῆς αὐγῆς λαβούσης. »Um dieses Feuer anzuzünden, bedient man sich gewöhnlich der Hohlspiegel, welche mittels einer Seite eines gleichschenkligen, rechtwinkligen Dreiecks hergestellt werden und von der Peripherie aus sich gegen einen Mittelpunkt hinneigen. Wenn man sie nun gerade gegen die Sonne hält, so dass die von allen Seiten zurückgeworfenen Strahlen im Mittelpunkte sich sammeln und vereinigen, so teilen sie eben die verdünnte Luft und entzünden rasch die sehr leichten und trockenen Stoffe, die man ihnen nahe bringt, indem die Strahlen durch die Zurückwerfung die Natur und Kraft des Feuers empfangen.« Wir geben die Erklärung dieser Stelle nach Mitteilungen von sachkundiger Seite in der Note [1]).

---

[1]) Es wird an dieser Stelle zuerst die Konstruktion, dann die Wirkung der Brennspiegel beschrieben. Es sind Hohlspiegel, σκαφεία κοιλανόμενα, welche die Form eines Trichters haben, der dadurch zu stande kommt, dass man ein rechtwinkliges, gleichschenkliges Dreieck um eine seiner Katheten dreht, so dass ein gerader oder nach der Ausdrucksweise der Alten gleichschenkliger Kegel entsteht, dessen Öffnung 90 Grad ist. Die Wirkung dieses Trichters wird sodann dadurch angedeutet, dass gesagt wird, er neige sich von der Peripherie aus nach einem κέντρον hin, welches auf den ersten Blick die Spitze des Kegels (od. Trichters) zu sein scheint und auch von manchen Erklärern so aufgefasst worden ist. Allein κέντρον bedeutet nirgends bei den griechischen Mathematikern die Spitze des Kegels, diese heisst vielmehr κορυφή, und überdies deutet der Ausdruck συντείνει ἐκ τῆς περιφερείας, dass sich Zusammenneigen von der Peripherie

Wenn nun hier der Brennspiegel in seiner Verwendung beim Kultus erscheint, so weiss das Altertum auch von einer grossartigen praktischen Anwendung desselben im Kriege, indem Archimedes sich der Brennspiegel bei der Verteidigung von Syrakus bedient und die Flotte der Römer dadurch in Brand gesetzt haben soll. Es ist hier nicht unsere Aufgabe, die Resultate der zahlreichen Untersuchungen, welche über die Glaubwürdigkeit

---

her, welches zwar dem Wortlaut nach von der Spiegelfläche selbst ausgesagt wird, aber dem Sinn nach nur auf die von ihr zurückgeworfene Lichtmasse sich beziehen kann, offenbar auf den Mittelpunkt eines der Kreise hin, welche entstehen, wenn man den Trichter durch eine zu seiner Axe senkrechte Ebene schneidet.

Wird dieser Spiegel der Sonne entgegengehalten, so werden die in den Trichter fallenden Sonnenstrahlen überall von den Seiten desselben in ähnlicher Weise zurückgeworfen, wie die Flamme durch den Spiegelschirm (réverbère) einer Lampe. Die Strahlen, die an irgend einem der an der inneren Trichterfläche beschriebenen Kreise zurückgeworfen werden, vereinigen sich im Mittelpunkt dieses Kreises, dem Brennpunkt. Da aber die Trichterfläche aus unendlich vielen solcher Kreise besteht, so erhält man auch unendlich viele solche Brennpunkte, welche zusammen die innere Axe des Trichters bilden, die hier als Brennlinie an die Stelle des beim parabolischen Spiegel vorhandenen einzigen Brennpunkts tritt und somit nicht unpassend auch ein κέντρον genannt werden kann. Der trichterförmige Hohlspiegel ist daher allerdings von geringerer Wirkung als der parabolische, aber immerhin ganz geeignet, einen auf seine Brennlinie gelegten leicht brennbaren Stoff zu entzünden. Vgl. die eingehende Abhandlung von Dupuy, Mém. de l'Acad. des Inscr., Bd. 35 (1770).

In dieser Abh. wird auch die von Borhet de Mezirne, einem namhaften Mathematiker des 17. Jahrh., aufgestellte und vielfach angenommene Erklärung, wornach an unserer Stelle ein parabolischer Hohlspiegel gemeint wäre, auf überzeugende Weise widerlegt, wie denn auch die Textesworte bei Plutarch diese Interpretation durchaus nicht zulassen. Eher könnte man noch, um die eigentliche Bedeutung von κέντρον als Brennpunkt (nicht Brennlinie) zu retten, an den sphärischen Hohlspiegel denken, der durch Umdrehung eines Kreissegments um seine Höhe entsteht, wenn die Sehne und der Kreismittelpunkt Hypotenuse und Spitze eines gleichschenkligen, rechtwinkligen Dreiecks sind. Es würde dann auch das eigentümlich brachylogische ἀπὸ κέντρ. — κοθκανόντων der gewöhnlichen Terminologie entsprechen, welche den Kegel ἀπὸ κύκλου τινός, das Quadrat ἀπὸ τινος εὐθείας beschrieben werden lässt. Die genaue Konstruktion des parabolischen Hohlspiegels dagegen findet sich in einem Fragment des Anthemius, der unter Justinian die Sophienkirche neu erbaute (s. Dupuy, Mém. de l'Acad. des Inscr., Bd. 42 p. 416 ff.), einer Stelle, die um so mehr Interesse hat, als sie die einzige uns erhaltene Stelle ist, wo die merkwürdige Eigenschaft des sog. Brennpunkts der Parabel erwähnt und angewendet wird.

Jene Annahme, dass wir bei dem σκαφίον Plutarchs nicht an einen trichterförmigen, sondern an einen sphärischen Hohlspiegel zu denken haben, scheint übrigens eine Bestätigung zu finden in der Stelle bei Vitruv. 9, 9, wo die Geschichte der Sonnenuhren mitgeteilt wird. Dort wird von Aristarch aus Samos berichtet: scaphen sive hemisphaerium dicitur inventa, und solche halbkugelförmige Sonnenuhren, hemisphaerium, scaphe, auch scaphium (Martianus Capella 6, p. 194: scaphia rotunda ex aere vaso) genannt, hat man in den letzten Jahrhunderten in grosser Zahl gefunden, eine in der Nähe von Hofen bei Cannstatt (s. den Bericht des Topographen Paulus in den Jahrb. des Vereins von Altertumsfreunden im Rheinlande IV, S. 90 f. Pauly-Teuffel, R. E. III, S. 1493, Artikel horologium). Wenn nun hier die kreisrunde Sonnenuhr scaphe und scaphium genannt wird, so wird man dadurch wohl berechtigt, auch das Plutarchische σκαφίον in dergleichen Bedeutung aufzufassen, zumal da die ursprüngliche Bedeutung des Wortes sich viel leichter mit dem Begriff des Halbkugel als mit dem des Trichters verträgt. Denn die Gestalt eines Trichters wird nicht leicht ein Schiff haben, während die gedachten Schiffe sich der Form der Halbkugel sehr nähern. Wenn Plutarch weiter sagt, die von allen Seiten zurückgeworfenen und im Mittelpunkt vereinigten Strahlen durchschneiden die (durch die Wärme) verdünnte Luft und entzünden vermöge ihrer durch die Reflexion verstärkten Kraft die trockenen und leichten Stoffe, die man ihnen nahe bringe, so entspricht dies der heutigen Anschauung nicht mehr; denn die Luft hat nichts dabei zu thun, ausser sofern sie den zum Brennen nötigen Sauerstoff liefert.

dieser Erzählung angestellt worden sind, auseinanderzusetzen, es möge nur auf eine Abhandlung verwiesen werden, welche diesen Gegenstand in sehr gründlicher und lichtvoller Weise behandelt. Dies sind die Untersuchungen über Archimeds Brennspiegel von dem Holländer Joh. Peter van Capelle, deutsch in Gilberts Annalen der Physik. Neue Folge, Bd. 23. Leipz. 1816. S. 242—290. Vgl. auch die Abh. des Franzosen Peyrard über den Miroir ardent in dem Werk: Oeuvres d'Archimède, traduites littéralement avec un commentaire par F. Peyrard. Paris 1807. S. 539—568. Soviel sei indes doch hier bemerkt, dass es durchaus nicht richtig ist, wenn als Gewährsmänner für diese Erzählung so häufig nur die beiden Schriftsteller des 12. Jahrhunderts Zonaras und Tzetzes genannt werden. Wir haben vielmehr ein Zeugnis dafür aus dem 2. Jahrh. n. Chr. in der Stelle bei Galen de temperam. 3, 2 (Kühn Bd. 1. S. 657), welcher sagt: οὕτω δή πως, οἴμαι, καὶ τὸν Ἀρχιμήδην φασὶ διὰ τῶν πυρίων ἐμπρῆσαι τὰς τῶν πολεμίων τριήρεις. Denn dass unter den πυρία die Brennspiegel zu verstehen sind, erhellt daraus, dass Galen vorher von der Eigenschaft der Sonnenstrahlen, mit Harz bestrichenes Holz zu entzünden, gesprochen hat und dann fortführt: Auf solche Art hat auch Archim. u. s. w. (vgl. Wilde, Geschichte der Optik I. Berlin 1838. S.33). Zudem werden die Brennspiegel auch von anderen Schriftstellern mit dem Wort πυρία bezeichnet, so von Anthemius, fragm. bei Westermann Paradoxogr. p. 149—158, und von Eutocius, Commentaria in Archim. (Archimedis opera omnia ed. Heiberg III. S. 78. 152: ὡς Διοκλῆς ἐν τῷ περὶ πυρίων). Und wenn Lukian, der Zeitgenosse Galens (Hipp. 2), den Archimedes nennt als τὸν τὰς τῶν πολεμίων τριήρεις καταφλέξαντα τῇ τέχνῃ, so meint er damit doch ohne Zweifel das Gleiche. Da ferner Zonaras, der bekanntlich meistens den Dio ausschreibt, gerade diese Erfindung des Archim. ausdrücklich nach Dio berichtet [1]), so wird man wohl berechtigt sein, diesen Schriftsteller gleichfalls als Zeugen für jene Erzählung zu betrachten. Dazu noch die gewichtige Äusserung des ausgezeichneten Mechanikers Anthemius (a. a. O.): ἐπειδὴ τὴν Ἀρχιμήδους δόξαν οὐχ οἷόν τε ἐστι καθελεῖν ἅπασιν ὁμολόγως ἱστορηθέντος, ὡς τὰς ναῦς τῶν πολεμίων διὰ τῶν ἡλιακῶν ἔκαυσεν ἀκτίνων. Es soll damit nur darauf hingewiesen werden, dass es doch nicht bloss so späte Autoren sind, die über dieses Ereignis berichten. Dass das Schweigen des Polybius, Livius und Plutarch demungeachtet gegen die Glaubwürdigkeit schwer in die Wage fällt, soll nicht bestritten werden [2]).

---

[1]) Zon. 14, 3. D. Κάτοπτρα γάρ φᾶιτιο χαλκοῦται συρφόρα ὁ Πρόκλος (bei der Belagerung von Constantinopel unter Kaiser Anastasius I.), καὶ ταῦτα ἐκ τοῦ τείχους τῶν πολεμίων ναῶν ἀπακρεμάσαι κατένωσε, τούτοις δὲ τὸν τοῦ ἡλίου ἀκτίνων προσβαλουσῶν πῦρ ἐκεῖθεν ἐκαρσπουσθαι κατεφλέγετο τὸν νήτην τῶν ἐναντίων στρατὸν καὶ τὰς ναῦς αὐτάς, ὃ πάλαι τὸν Ἀρχιμήδην ἐπινοῆσαι ὁ Δίων ἱστόρησε, τῶν Ῥωμαίων τότε πολιορκούντων Συράκουσαν.

[2]) Das Resultat, zu welchem Capelle gelangt, ist folgendes (S. 289 f.): Es ist unmöglich, dass zur Zeit der Belagerung von Syrakus durch Marcellus Archimedes durch einen Hohlspiegel Brand auf der römischen Flotte erregt habe. Er ist aber im Stande gewesen, dies durch eine Zusammenstellung von ebenen Spiegeln zu bewerkstelligen, (und eben darauf weist die Darstellung des Tzetzes hin Chil. 2, 118 ff. Vgl. Capelle S. 274. Heiberg, Quaest. Archim. S. 40). Seine optischen Kenntnisse waren dazu hinlänglich, und die feindlichen Schiffe waren der Stadt zu einer solchen Wirkung nahe genug gekommen. Es ist wegen des einstimmigen Zeugnisses vieler Schriftsteller, zu dessen Verwerfung man nicht berechtigt ist, wahrscheinlich, dass er wirklich einen Versuch der Art gemacht hat, aber unwahrscheinlich ist es, dass er dadurch dem Feinde beträchtlichen Schaden zugefügt hat. Es streitet dies nämlich nicht nur gegen die Art der Ausführung.

4

Jedenfalls ist so viel gewiss, dass Archimedes, der in einer besonderen Schrift περὶ κατοπτρικῶν über die Spiegel handelte (Theon Comm. in Ptolem. 1, 3. p. 10), in derselben auch die Brennspiegel besprochen hat. Denn Apuleius (de magia c. 16, 425) fährt, nachdem er vorher unter einer Reihe von Fragen, welche die Spiegel betreffen, auch die Frage gestellt hat: cur cava specula, si ex adversum soli retineantur, oppositum fomitem accendunt? mit den Worten fort: Alia praeterea eiusdem modi plurima, quae tractat volumine ingenti Archimedes Syracusanus, vir in omni quidem geometria multum ante alios admirabilis subtilitate, sed haud sciam an propter hoc vel maxime memorandus, quod inspexerat speculum saepe ac diligenter. Vgl. Quaestiones Archimedeae, scripsit J. L. Heiberg. Hauniae 1879 und Wilde a. a. O. S. 31 ff. So gut indes die Alten mit den Brennspiegeln und ähnlichen Instrumenten bekannt waren, so wenig können dieselben für die Erzeugung von Feuer im gewöhnlichen Leben in Betracht kommen [1]. Wir haben für die praktische Verwendung derselben nur den einen Bericht über die Wiederanzündung des erloschenen ewigen Feuers und dürfen somit annehmen, dass sie nur für diesen Fall ausserordentlicher Weise gebraucht wurden, weil die erloschene Flamme des Altars, auf dem ewiges Feuer brannte, nicht an einem gewöhnlichen Feuer, sondern nur am reinen Sonnenfeuer wieder entzündet werden durfte.

II. Der Gebrauch der Feuerzeuge.

Wir haben gesehen, dass den Griechen und Römern beide Arten von Feuerzeugen, die Steine und die Hölzer, gleicherweise bekannt waren, dass aber, was den Gebrauch derselben betrifft, die Griechen sich wahrscheinlich in der Regel nur der Hölzer bedienten, während bei den Römern neben den Hölzern ebensosehr auch die Steine zur Verwendung kamen, und bei diesen jedenfalls noch der Fortschritt stattfand, dass nicht bloss Stein gegen Stein, sondern auch Eisen gegen Stein geschlagen wurde, und könnten uns bei diesem Ergebnis beruhigen, wenn nicht anderes da wäre, was gegen den allgemeinen und täglichen Gebrauch beider Werkzeuge zu sprechen scheint. Hätten wir eine Anzahl von Stellen, in welchen aus geschichtlicher Zeit berichtet würde, dass in einem bestimmten Falle auf die eine oder die andere Weise Feuer gemacht worden sei, so wären wir ohne weiteres überzeugt, dass dies der allgemeine Gebrauch gewesen, dass das dabei verwendete Werkzeug als das gewöhnliche zu betrachten sei. Allein die Stellen, die wir oben angeführt haben, sind mit Ausnahme der Stelle bei Lukian (ver. hist. 1, 32, 95)

---

sondern lässt sich auch aus dem Stillschweigen dreier achtungswerter Geschichtschreiber schliessen, welche die übrigen Thaten Archimed's ausführlich erzählen. Nach geschichtlichen Zeugnissen waren die Metallspiegel zu jener Zeit in allgemeinem Gebrauch, die Erfindung der gläsernen Spiegel war dagegen noch in ihrer Kindheit; es ist also zu vermuten, dass Archimedes sich metallener Spiegel bedient habe.

[1] Dass indes der Gebrauch der Brennspiegel oder Brenngläser auch eine weitere Ausdehnung annehmen, dass er praktisch wichtig werden kann, das beweist der Bericht Hermann v. Schlagintweits über die Lepischa's in Sikkim in Britisch Indien. Dieser Reisende fand hier vier Arten von Feuerzeugen zugleich im Gebrauch, und unter diesen auch Brenngläser, die ganz allgemein angewendet wurden, so oft die Tageszeit und der unbewölkte Himmel es gestattete (Stricker S. 27).

über eine Feuerbereitung durch Hölzer nicht von dieser Art. Es sind, wenn wir von den Dichtern absehen, lauter Stellen, in welchen jene Werkzeuge als solche beschrieben werden, allerdings so, dass sie als im Gebrauch befindliche erscheinen, aber doch, ohne dass wir über die Ausdehnung dieses Gebrauchs näher unterrichtet werden oder auch nur einen Schluss in dieser Hinsicht zu ziehen im stande sind. Naturforscher wie Theophrast und Plinius fassen naturgemäss derartige Dinge nach der theoretischen, wissenschaftlichen Seite ins Auge, die praktische ist ihnen Nebensache und wird deshalb auch nur gelegentlich berührt. Nun steht aber den verhältnismässig sehr wenigen Stellen, in welchen überhaupt von Feuerzeugen geredet wird, und den noch wenigeren, wo wir von einem Gebrauch derselben hören, eine grosse Anzahl anderer entgegen, welche darauf hinweisen, dass man, um sich Feuer zu verschaffen, keines dieser Werkzeuge benutzte, dass man vielmehr entweder das Feuer auf dem Herde des Hauses zu erhalten oder, wenn es erloschen war, dasselbe im Nachbarhause zu bekommen suchte. Natürlich würde davon nicht zu reden sein, wenn nicht eine besondere Veranlassung dazu vorläge. Dass man die noch glimmenden Kohlen auf dem Herde dazu benutzt, um ein Licht anzuzünden oder ein neues Feuer anzufachen, das wird immer vorkommen, auch dass man sich Feuer im Nachbarhause holt, mag in Notfällen jederzeit und überall geschehen, aber ein anderes ist es, wenn wir sehen, dass man Sorge trägt, sich die Glut zu erhalten, wenn das Feuerholen bei den Nachbarn als ein allgemeiner, stehender Gebrauch erscheint, wenn das Mitteilen des Feuers an den, der seiner bedarf und darum bittet, als eine sittliche Pflicht betrachtet wird, deren Nichterfüllung den Fluch auf das Haupt des Schuldigen herabzieht, und wenn andererseits der Nichtswürdige und Ehrlose auch dadurch gestraft wird, dass ihm von jedermann das Feuer versagt wird. Erwägt man das alles, so wird man zu starken Zweifeln daran veranlasst werden, ob jeder Grieche oder Römer sein Feuerzeug im Hause gehabt habe.[1]) Es ist daher notwendig, dass wir Brauch und Sitte der Alten nach dieser Richtung ins Auge fassen, um darüber ins klare zu kommen, welche Ausdehnung der Gebrauch jener Werkzeuge bei ihnen gehabt hat.

I. Das Bewahren des Feuers.

Ignem Prometheus in ferula detulit in terras hominibusque monstravit, quomodo cinere obrutum servarent, sagt Hygin in der oben angeführten Stelle (Fab. 144), die auch für diesen Teil unserer Untersuchung nicht unwichtig ist. Denn wir sehen daraus, dass die Erhaltung des Feuers unter der Asche als eine besondere Kunst erscheint, die den Menschen durch ein höheres, geistig überlegenes Wesen gezeigt werden muss. Wäre diese Handlung nur etwas Unbedeutendes, das sich von selbst versteht, so könnte sie nicht auf einen Gott zurückgeführt werden. Unter den weiteren Stellen nimmt den ersten Rang ein die Homerische Od. 5, 488:

ὡς δ᾽ ὅτε τις δαλὸν σποδιῇ ἐνέκρυψε μελαίνῃ
ἀγροῦ ἐπ᾽ ἐσχατιῆς, ᾧ μὴ πάρα γείτονες ἄλλοι,

[1]) Besonnen Guhl und Koner 1, 40: Die unter der Asche des Herdes sorgsam gehegten Funken dienten bei den Griechen sowohl wie bei den Römern allgemein zum Anmachen des Feuers. Doch erscheinen im Altertum auch Feuerzeuge, κρατία.

σπέρμα κυρὸς σώζων, ἵνα μὴ κοθεν ἄλλοθεν αὔῃ,
ὡς Ὀδυσεὺς φύλασαι καλύψατο.

Ἔστιν ἀπαία ἡ παραβολή, bemerkt dazu Eustathius (Comm. in Od. S. 233. Lips. Weigel 1825), τὸν γὰρ ἤδη λειπόψυχοῦντα καὶ βραχὺ ἔχοντα τὸ ζωτικὸν καὶ οἶον ὑπεννήμενον ζωπύρῳ εἰκάζει καὶ σπινθῆρι τῷ κατὰ σποδιάν. ἐξ οὗ, οἷα καὶ σπέρματος, πολὺ καρπούμεθα πῦρ. — — Τὸ δὲ ..ᾦ μὴ πάρα γείτονες ἄλλοι·" πρὸς πιθανότητα παραβολικὴν κεῖται. οἱ γὰρ τοιοῦτοι ζωπυροῦσιν ἀναγκαίως τὴν κρύψιν τοῦ ἀαλοῦ. Das ζώπυρον ist der in der Asche erhaltene Rest des Feuers, das durch denselben wieder ins Leben gerufen werden kann (ζωπυρέω, ἐκζωπυρέω)[1]). Also, wer keine Nachbarn hat, meint Eustathius, der kann nichts anderes thun als das Feuer sich unter der Asche bewahren. Wie daher von den Altären der Götter gerühmt wird, dass das Feuer dort nie erlösche[2]), so auch vom menschlichen Feuerherd. So singt Polyphem bei Theokrit (11, 51) von seiner Behausung: ἐντὶ δρυὸς ξύλα μοι καὶ ὑπὸ σποδῷ ἀκάματον πῦρ, so zählt Martial (10, 47, 4) unter den Dingen, die ein glückliches Leben bereiten, auch den focus perennis auf, so wünscht Tibull (1, 1, 5):

Me mea paupertas vitæ traducat inerti,
Dum meus assiduo luceat igne focus,

so rühmt Thyrsis bei Vergil Ecl. 7, 49 im Wettgesang von seinem Hause:

Hic focus et tedæ pingues, hic plurimus ignis
Semper et assidua postes fuligine nigri.

Ausführlichere Schilderungen, wie das unter der Asche des Herdes verborgene Feuer wieder angefacht wird, finden sich bei Ovid. Fast. 5, 505 wird erzählt, wie der alte Hyrieus die Götter in sein bescheidenes Haus aufnimmt:

Tecta senis subeunt nigro deformia fumo:
Ignis in hesterno stipite parvus erat.
Ipse genu nixus flammas exsuscitat aura
Et promit quassas commminuitque faces.

Und bei dem gleichen Anlass schildert der Dichter Metam. 8, 641 die häusliche Geschäftig-keit der Baucis:

Inde foco tepidum cinerem dimovit et ignes
Suscitat hesternos foliisque et cortice sicco
Nutrit et ad flammas anima producit anili,
Multifidasque faces ramaliaque arida tecto
Detulit et minuit parvoque admovit aëno.

So ist es auch das erste Geschäft der armen Frau bei Verg. Aen. 8, 410, die gleich nach Mitternacht sich zur Arbeit erhebt, dass sie cinerem et sopitos suscitat ignes, und das Gleiche versehen bei Juvenal 3, 262 die Sklaven: domus bucca foculum excitat. Vgl.

---

[1]) Suid. ἐκζωπυρῆσαι ἀνάψαι κυρίως τὸ ἐκ μικροῦ φυσῆναι μεγάλην φλόγα ἀνῆσαι ἡ μεταφορὰ ἀπὸ τῶν ἀνθρώπων. Aristoph. av. 1580: κυρόλκι τοὺς ἄνθρακας. Die für das Wiederanzünden des Feuers auf-bewahrten Reste von Feuer heissen ἐμπύρευμα und ἔναυσμα. Etym. Magn. ἐμπύρευμα κυρίως κτίζαμεν κυρὸς ἐναπομεῖναν τῇ σποδιᾷ. Suid. ἐμπύρευμα ἔναυσμα, σπέρμα κυρός. Und derselbe: ἐναύσματα ἐμπυρεύματα, ὑπεκκαύματα.

[2]) Callimachus, hymn. in Apoll. 83) richtet an den Gott die Worte: ἀεὶ δὲ τοι αἴνεον πῦρ, οὐδὲ κοτε χθιζὸν περιβόσκεται ἄνθρακα τέφρη »und niemals verzehrt die Asche die gestrige Kohle«, d. h. die vom vorausgehenden Tage her noch glimmende Kohle wird nie von der Asche erstickt.

Lucan. Phars. 8, 776: haec ubi fatus, excitat invalidas admoto fomite flammas, und
Ovid. Rem. am. 371: Ut paene exstinctum cinerem si sulfure tangas, vivet et e minimo
maximus ignis erit. In einer zweiten Stelle bei Lucan. Phars. 5, 523 wird erzählt, wie
Cäsar nächtlicherweile an der Hütte des armen Schiffers Amyklas anpocht und diesen
aus dem Schlaf weckt. Er steht von seinem Lager auf und macht Feuer:

> Sic fatus ab alto
> Aggere iam tepidæ sublato fune favillæ
> Scintillam tenuem commotos pavit in ignes.

Amyklas hat nämlich, um sich das Feuer zu erhalten, ein Stück von einem Schiffstau
unter die glimmenden Kohlen gesteckt (agger favillae ist die aufgeschichtete Asche), zieht
dieses hervor und entzündet durch Schwingen die Flamme. Und noch anschaulicher ist
in dem Gedicht Moretum v. 6 ff. beschrieben, wie der. vor Tag aufgestandene Bauer
Simylus, vorsichtig im Dunkeln tastend, den Herd sucht, um an der erhaltenen Glut
seine Lampe anzuzünden:

> Parvulus exuato remanebat stipite fomes
> Et cinis obductæ celabat lumina prunæ.
> Admovet his pronam submissa fronte lucernam
> Et producit acu stuppas humore carentes,
> Excitat et crebris languentem flatibus ignem.

Das excitare oder suscitare bezeichnet überall das Anfachen des Feuers aus der noch
glimmenden Asche, wie denn auch der Herd selbst seinen Namen daher hat, dass er
das Feuer erhält: focus, quod foveat ignes (Varr. bei Isid. Orig. 20, 10, 1. Ovid. Fast.
6, 301. Serv. zu Verg. Aen. 3, 134). Theophrast gibt uns sogar eine wissenschaftliche
Erörterung über das Anblasen des Feuers (de igne 3, 27 f.). — Wir dürften diesen
Stellen an und für sich keine grosse Beweiskraft beilegen, da diese Art, sich Feuer
zu verschaffen, jedenfalls die bequemste war und ganz gut neben der Benutzung von
Feuerzeugen hergehen konnte. Wenn wir aber den Umstand ins Auge fassen, dass so
vielfach davon die Rede ist [1]), während der wirkliche Gebrauch der Feuerzeuge fast nie
erwähnt wird, ausser aus mythischer Zeit, so werden wir doch geneigt sein, diesen Stellen
eine grössere Bedeutung zuzuschreiben.

2. Die Pflicht der Feuerreichung und die Versagung des Feuers.

Die Erhaltung des Feuers auf dem häuslichen Herde erscheint nach Homer und
den Scholien als notwendig, wenn man isoliert wohnt und keine Nachbarn hat, andern-

---

[1]) Auf die Sitte, das Feuer unter der Asche zu bewahren, weisen auch die sprichwörtlichen Ausdrücke
hin: τὸ ὑπὸ τῇ σποδῷ Callim. Epigr. 46, 2 und ἐν κορὶ θαίνειν Suid. vgl. Hor. Od. II, 1, 7, sowie, dass
die Kunst so häufig Feuer anblasende Knaben gebildet hat. Plin. 35, 138: Antiphilus puero ignem
conflante laudatur ac pulchra alias domo splendescente ipsiusque pueri ore, und 147: Philiscus officinam
pictoris ignem conflante puero (pinxit). 34, 79: Lycius Myronis discipulus fuit, qui fecit dignum praeceptore
puerum sufflantem languidos ignis, und 81: Styppax Cyprius uno celebratur signo, splanchnopte, Periclis
Olympii vernula hic fuit exta torrens ignemque oris pleni spiritu accendens. Vgl. die Abh. von Zielinski,
Der Feueranbläser und Dornauszieher, im Rhein. Museum Bd. 39, 1884, S. 73—117, wo ausführlich über
das Werk des Lykios und über die sehr zahlreichen ähnlichen Bildwerke, die uns erhalten sind, gehandelt wird.

falls kann man es sich bei diesen verschaffen. Und hier tritt uns nun eben die wichtige Erscheinung entgegen, dass die Mitteilung des Feuers an andere, die darum bitten, nicht bloss als eine gewöhuliche Pflicht nachbarlicher Gefälligkeit, sondern als eine höhere sittlich-religiöse Pflicht erscheint, als eine Pflicht, die man sogar dem Feind gegenüber zu beobachten hat, und deren Nichterfüllung mit dem Fluch belegt ist. Datur ignis, tam etsi ab inimico petas, heisst es bei Plautus Trin. 679, wie das Gleiche auch vom Wasser gesagt wird Rud. 438: Quor tu aquam gravare amabo, quam hostis hosti commodat? Vgl. Orid. ars amat. 3, 93:

> Quis vetet apposito lumen de lumine sumi?
> Quisve cavo vastas in mare servet aquas?

So rechnet Cicero Off. 1, 16, 51 f. die Gewährung des Feuers zu jenen allgemeinen Menschenpflichten, die in dem Wesen der menschlichen Gesellschaft begründet sind: alle diejenigen Dinge, die von der Natur zum allgemeinen Gebrauch der Menschen geschaffen sind, muss man sich gegenseitig mitteilen [1]). Dahin gehört unter anderem, was Ennius in den folgenden Versen ausdrückt:

> Homo, qui erranti comiter monstrat viam,
> Quasi lumen de suo lumine accendat, facit:
> Nihilo minus ipsi lucet, cum illi accenderit.

---

[1]) Vgl. auch die Antwort, welche Plutarch (quaest. Rom. 75) auf die Frage gibt: Warum löschten die Römer nie eine Lampe aus, sondern liessen sie allmählich von selbst erlöschen? Etwa deshalb, weil sie das Licht als etwas Heiliges ansahen, sofern es mit dem unauslöschlichen und unsterblichen Feuer verwandt und verschwistert sei? Oder liegt auch darin ein Zeichen dafür, dass man nichts Lebendiges, wenn es nicht schädlich ist, verderben oder töten soll, indem das Feuer Ähnlichkeit mit einem lebenden Wesen hat? Denn es bedarf ja der Nahrung, es kann sich selbst bewegen und gibt beim Auslöschen einen Laut von sich, wie wenn es ermordet würde. Oder endlich, belehrt uns dieser Brauch, dass man weder Feuer noch Wasser, noch sonst irgend etwas Notwendiges, wenn man es selber zur Genüge besitzt, zu Grunde gehen lassen, sondern denen, die es bedürfen, zum Gebrauch übergeben und es anderen hinterlassen soll, wenn man es nicht mehr selbst braucht? In jeder dieser drei Erklärungen liegt ein Stück antiker Anschauungsweise. Die erste erinnert an die Verwandtschaft des gemeinen, menschlichen Lichts mit dem göttlichen Feuer, die zweite betrachtet das Feuer als ein lebendes Wesen, und das dritte fasst es als eines jener für alle gleich notwendigen Dinge, die man für andere zu erhalten und ihnen zu überlassen verpflichtet ist. Zu der zweiten Erklärung vgl. Grimm, Mythol. I, S. 506: Gleich dem Wasser gilt das Feuer für ein lebendiges Wesen, τὸ πῦρ θηρίον ἔμψυχον bei den Ägyptern, Herod. 3, 16; ignis animal Cic. de nat. d. 3, 14, also ein fressendes, nimmer sattes Tier; es leckt mit der Zunge, frisst um sich, weidet, vipaσeı II. 23, 177. 2, 780); es ist rastlos, ἀκάματον πῦρ II. 23, 52. — Indes ist es in der Stelle bei Cicero doch nicht das bloss Lebendige, was dem Feuer beigelegt wird, sondern vielmehr das Seelische, Geistige, wie es in jenem Vers des Epicharmus bei Varro L. L. 5, § 58 heisst: Est de sole sumptus ignis isque totus mentis est. Es ist der himmlische Ursprung des Feuers, der demselben ein höheres, geistiges Wesen zuweist, da es ja auch in seiner Erscheinung so gar nichts von der Schwerfälligkeit der Materie erkennen lässt. Selbst das Denken der Christen konnte sich nicht leicht von diesen Vorstellungen losmachen. So findet Lactanz (de orig. err. 2, 10) es bedeutsam, dass, während das Wasser allen lebenden Wesen gemein sei, das Feuer nur dem Menschen zugehöre. Non enim, sagt er, quoniam caeleste atque immortale animal sumus, igne utimur, qui nobis in argumentum immortalitatis datus est, quoniam ignis e caelo est, cuius natura quia mobilis est et sursum nititur, vitae continet rationem. Die anderen lebenden Wesen aber, weil sie ganz sterblich sind, gebrauchen nur das Wasser, das körperliche und irdische Element, dessen Beschaffenheit, weil es veränderlich ist und abwärts fliesst, ein Bild des Todes gibt.

Cicero führt dann fort: Una ex re satis praecipit (Ennius), ut, quidquid sine detrimento commodari possit, id tribuatur vel ignoto. Ex quo sunt illa communia: non prohibere aqua profluente, pati ab igne ignem capere, si qui velit, consilium fidele deliberanti dare. Was aber ihm nur eine allgemeine Pflicht der Menschlichkeit ist, das war in Athen eine religiöse Pflicht, wie er selbst a. a. O. 3, 13, 55 uns durch den Mund des Stoikers Antipater berichtet: Quid est enim aliud erranti viam non monstrare, quod Athenis exsecrationibus publicis sanctum est, si hoc non est emptorem pati ruere et per errorem in maximam fraudem incurrere? Denn dass diese exsecrationes sich auch noch auf anderes als auf die Weigerung, einem Verirrten den Weg zu zeigen, dass sie sich insbesondere auch auf die Versagung des Feuers bezogen haben, das sehen wir aus Athenäus Deipnos. 6. p. 238 (ed. Meineke). Er führt hier eine Stelle aus dem Parasiten des Komödiendichters Diphilus an:

ἀγνοεῖς ἐν ταῖς ἀραῖς
ὅτι ἐστιν, εἴ τις μὴ φράσει᾽ ὀρθῶς ὁδόν,
ἢ πῦρ ἐναύσαι᾽, ἢ διαφθείροι᾽ ὕδωρ,
ἢ δεινεῖν μέλλοντα κωλύσαι τινά;

Diese ἀραί aber werden zurückgeführt auf den alten attischen Heros Buzyges, der zuerst die Stiere an den Pflug gespannt und den Ackerbau eingeführt haben soll (Hesych. s. v. Etym. M. s. v. Βουζυγία). Im Zusammenhang damit erscheint er auch als der älteste Gesetzgeber, dessen Gebote eben in die Form von ἀραί gekleidet waren [1]). Leutsch, append. prov. Gott. 1, 61: ὁ γὰρ Βουζύγης Ἀθήνησιν ὁ τὸν ἱερὸν ἄροτον ἐπιτελῶν ἄλλα τε πολλὰ ἀρᾶται καὶ τοῖς μὴ κοινωνοῦσι κατὰ τὸν βίον ὕδατος ἢ πυρὸς ἢ μὴ ὑποφαίνουσιν ὁδὸν πλανωμένοις [2]). Wieder mehr vom Gesichtspunkt einer gewöhnlichen Dienstleistung aus wird die Mitteilung des Feuers betrachtet in zwei Stellen bei Xenophon. In der ersten, Memorab. 2, 2, 12, fragt Sokrates: Οὐκοῦν καὶ τῷ γείτονι βούλει τὸ ἀρέσκειν, ἵνα σοι καὶ πῦρ ἐναύῃ, ὅταν τούτου δέῃ, καὶ ἀγαθοῦ τι σοι γίγνηται συλλήπτωρ καί, ἄν τι σφαλλόμενος τύχῃς, εὐνοϊκῶς ἐγγύθεν βοηθῇ σοι; Neben dem doppelten allgemeinen Nutzen also, den man davon hat, wenn man sich mit dem Nachbar gut stellt, dass er uns bei unseren Bemühungen unterstützt und uns in der Not hilft, nennt Sokrates nur den einen besonderen Dienst, dass er uns Feuer anzündet, wenn wir es brauchen. Es erscheint somit gerade dieser Dienst als der nächstliegende und am häufigsten vorkommende. Die zweite Stelle ist Oecon. 2, 15: Οἴμαι δ᾽ ἄν, καὶ εἰ ἐπὶ πῦρ ἐλθόντος σου καὶ μὴ ὄντος παρ᾽ ἐμοί, εἰ ἄλλοσε ἡγησάμην, ὁπόθεν σοι εἴη λαβεῖν, οὐκ ἄν ἐμέμψω μοι, καὶ εἰ ὕδωρ παρ᾽ ἐμοῦ αἰτοῦντί σοι τοῦτο μὴ ἔχων ἄλλοσε καὶ ἐπὶ τοῦτο ἤγαγον, οὐδ᾽ ὅτι οὐδ᾽ ἂν τοῦτό μοι ἐμέμψω. Auch aus dieser Stelle, wo, wie oben an mehreren Orten, die Darreichung von Feuer und von Wasser zusammen gestellt wird, erhellt, welche Wichtigkeit dieser Dienst hatte, wenn derjenige, welcher ihn nicht selbst zu leisten im Stande war, sich verpflichtet fühlte, den andern dahin zu geleiten, wo seinem Bedürfnis abgeholfen werden

---

[1]) Vgl. L. Schmidt, die Ethik der alten Griechen. I. Berlin 1884, S. 88 und 390, Note 31.

[2]) Eine weitere ἀρά erfahren wir aus den Scholien zu Soph. Antig. 255: Λέγος δί, ὅτι Βουζύγης Ἀθήνησι κατηράσατο τοῖς περιορῶσιν ἄταφον σῶμα. Vgl. Clemens Alex. Strom. 2, p. 503, 16: τὴν Βουζύγιον ἀράν.

konnte. Eine solche Wichtigkeit hatte derselbe aber nur dann, wenn man sich das Feuer, das man brauchte, auf keine andere Weise leicht verschaffen konnte.

Von ebenso grosser Bedeutung als die Verpflichtung zur Mitteilung des Feuers ist für die vorliegende Frage die Versagung des Feuers, die in Sparta geradezu als ein Bestandteil der Atimie erscheint. Wer ἄτιμος geworden und damit aus der Lebensgemeinschaft mit allen anderen Staatsbürgern ausgeschieden ist, dem wird auch das Feuer versagt. »Die Flamme seines Herdes erlischt, weil er bei niemand Feuer anzünden darf« (O. Müller, Dorier. Aufl. 2. II. S. 219). So berichtet Herodot (7, 231)[1]) über den Spartaner Aristodemus, der die Schlacht bei den Thermopylen überlebte: Ἀποτοτήτης ἐς Λακεδαίμονα ὄνειδός τε εἶχε καὶ ἀτιμίην. Πάσχων δὲ τοιάδε ἠτίμωτο· οὔτε οἱ πῦρ οὐδείς ἔναυε Σπαρτιητέων οὔτε διελέγετο, ὄνειδός τε εἶχε ὁ τρέσας Ἀριστόδημος καλεόμενος[2]). Auffallend ist indes, dass in den beiden Hauptstellen, welche von der spartanischen Atimie handeln, deren höchster Grad die τρέσαντς d. h. diejenigen traf, welche nach spartanischer Anschauung in der Schlacht sich feige bewiesen, indem sie ihren Posten verliessen und ihr Leben retteten (οἱ ἐν τῇ μάχῃ καταδειλιάσαντες, οὓς αὐτοὶ τρέσαντας ὀνομάζουσι), nämlich Xen. de rep. Lac. 9 und Plut. Ages. 30, gerade die Versagung des Feuers nicht genannt ist, während sie doch alles andere, was dem τρέσας widerfährt, seine totale Ausscheidung aus der Gesellschaft und sein ganzes schmachbedecktes Leben auf das ausführlichste berichten. Die gleiche Strafe gegen Feiglinge haben nach den bei Suidas erhaltenen Fragmenten des Polybius (ed. Dindorf 9, 40, 4 f. Suid. s. vv. ἀκαλγοῦντες, ὑφομαχοῦντες, ἐναύειν), wie es scheint, auch die Akarnanen in einem Krieg mit den Ätolern in der Verzweiflung angeordnet: εἰ δέ τις λικαόμενος μὴ θάνοι, φῆγοι δὲ τὸν κίνδυνον, τοῦτον μήτε πόλει δέχεσθαι μήτε πῦρ ἐναύειν. περὶ τούτων ἀρὰς ἐποιήσαντο πάσας μέν, μάλιστα δὲ τοῖς Ἠπειρώταις, εἰς τὸ μηδένα τῶν φυγόντων δέξασθαι τῇ χώρῃ. Bemerkenswert ist hier, dass sie die Strafe an den Schuldigen nicht bloss im eigenen Lande vollziehen, sondern auch die Nachbarvölker durch einen Fluch zu dem gleichen Verfahren gegen dieselben nötigen. Indes scheint dies bei den Akarnanen doch nicht ein stehender Brauch, sondern nur eine durch die besondere Gefahr, in der sie sich befanden, herbeigeführte ausserordentliche Massregel gewesen zu sein.

Auch in Athen begegnet uns die Versagung des Feuers in Verbindung mit anderen Anordnungen, die den Menschen von der Gemeinschaft mit anderen ausschliessen, aber diese Ausschliessung geht nicht vom Staat aus, sondern ist eine blosse Privatsache. Auch sind es andere Vergehungen als feiges Benehmen im Krieg, die auf solche Weise ihre Strafe finden. So wurden nach der Angabe Plutarchs (de invid. et od. c. 6. p. 537) die Ankläger des Sokrates bestraft: τοὺς γοῦν Σωκράτη συκοφαντήσαντας, ὡς εἰς ἔσχατον κακίας ἐληλακότας, οὕτως ἐμίσησαν οἱ πολῖται καὶ ἀπεστράφησαν, ὡς μήτε πῦρ αὐτοῖς μή ἀποκρίνεσθαι πυνθανομένοις, μὴ λουμένοις κοινωνεῖν ὕδατος, ἀλλ' ἀναγκάζειν ἐκχεῖν ἐκείνο

---

[1]) S. die Bemerkungen von Wesseling und Valckenaer zu dieser Stelle bei Schweigh. Annot. t. VI, P. II, p. 64 und bei Gaisford t. IV, p. 191.

[2]) Vgl. Suid. s. v. Ἀποτοτήτης: τοῦτο (d. h. die Lösung aus der Atimie durch nachherige hervorragende Tapferkeit) Ἀριστοδήμῳ συνέβη, ὃς ὁ Τρέσας ἐπικληθεὶς ἐκ λειποταξίου τοῦ ἐν Πύλαις τῇ ἐν Πλαταιαῖς ἀριστείᾳ τὴν ἀτιμίην Γλωσε, und Aelian de nat. animal. 4. 1: Ἀριστόδημος ὁ τρέσας.

— 33 —

τοὺς παραγόντας ὡς μεμιασμένον, ἕως ἀπήτξαντο μὴ φέροντες τὸ μίσος [1]). Und die gleiche Strafe traf nach dem Anonymus bei Suidas s. v. ἐναγὴν den Athener Kallixenos : Καλλίξενος ὁ Ἀθηναῖος διὰ συκοφαντίαν ἆθλα (poenam) ἀπηνέγκατο τῆς ἀναιτηρωτίας καὶ ἀσεβείας, ἐν ᾧτε μετκόμενος καὶ κενόμενος καὶ ἀποκλειόμενος λιμῷ ἀποθανεῖν ἐπεὶ μήτε ὕδατος ἱκανόνων αὐτῷ μήτε πυρὸς (πῦρ Valcken. zu Herod. 7, 231) ἐναῖσιν ἐβούλοντο, ὥσπερ οὖν κοινωνεῖν τοῖς βουλομένοις καὶ διομένοις. Zu den letzten Worten wäre nach Bernhardy aus dem Vorhergehenden βούλονται zu ergänzen, man möchte aber eher glauben, dass in dem ὥσπερ οὖν etwas anderes stecke, des Sinnes: wie es Brauch war (Wolf: ὥσπερ ἔθος κοινωνεῖν). Kallixenus hatte sich durch Theramenes und seine Partei bestimmen lassen, die Feldherren, die bei den Arginusen gesiegt hatten, bei dem Rat anzuklagen. Als nachher das Volk die Hinrichtung derselben bereute, wurde er selbst mit vier andern angeklagt und in Haft gebracht, sie entkamen aber, ehe sie abgeurteilt wurden. Später kehrte Kallixenus im Gefolge Thrasybuls nach Athen zurück, der allgemeine Hass aber, der auf ihm lastete, bewog ihn, sich zu Tode zu hungern. So erzählt Xenophon Hellen. 1, 7, 35. vgl. Diod. 13, 103. Nach der Stelle bei Suidas war es nicht bloss im allgemeinen der Hass seiner Mitbürger, der ihn das Leben unerträglich machte, sondern auch die Dürftigkeit, in die er geriet, und der Ausschluss von der Gesellschaft, indem niemand ihm Wasser oder Feuer mitteilte. In jedem Fall aber war das, was dem Kallixenus widerfuhr, nicht eine vom Staat verhängte Strafe, sondern etwas, das aus der freien Übereinkunft der einzelnen hervorging, wie das Gleiche auch über den Aristogiton durch einen Beschluss der Bewohner des Staatsgefängnisses verhängt wurde. Dieser zur Zeit des Demosthenes durch seine Schamlosigkeit berüchtigte Sykophant, ein wahres Ungeheuer von einem Menschen, hatte sich im Staatsgefängnis zu Athen gegen einen dort befindlichen Tanagräer ganz schändlich benommen, er hatte ihm zuerst eine Schuldverschreibung gestohlen und ihm dann, als es darüber zum Streit kam, die Nase abgebissen; die Schuldverschreibung fand sich nachher in einer Lade, wozu er den Schlüssel hatte. Da heisst es nun bei Demosthenes (in Aristog. 1, 61. p. 788 f.): καὶ μετὰ ταῦτα ψηφίζονται περὶ αὐτοῦ ταῦτα οἱ ἐν τῷ οἰκήματι (d. h. im δεσμωτηρίῳ), μὴ πυρός, μὴ λύχνον, μὴ ποτοῦ, μὴ χρωτὸς μηδενὸς μηδένα τούτῳ κοινωνεῖν, μηδὲ λαμβάνειν, μηδ' αὐτὸν τούτῳ διδόναι. Wir haben hier also einen in aller Form abgefassten Beschluss der κακοῦργοι des Gefängnisses, wodurch der allen verhasste Mensch von jedem Verkehr ausgeschlossen und ihm jede Handreichung, wie man sie beim Zusammenleben zu erweisen pflegt, versagt wurde, man gibt ihm oder nimmt von ihm weder Feuer noch Licht, weder Trank noch Speise. Dieses Achtsdekret (δόγμα) der Sträflinge lässt Demosthenes selbst als gerichtliche Urkunde vorlesen (vgl. Schäfer, Demosth. u. s. Zeit. Bd. 3, 2. S. 121). In der oben angeführten Stelle über die Ankläger des Sokrates kommt dann noch das Weitere hinzu, dass niemand mit einem solchen Menschen redet, was bei den anderen Fällen sicherlich auch statt fand, wenn es auch nicht ausdrücklich genannt ist. In allen diesen Fällen aber, die uns aus Athen berichtet

---

[1]) Dass weder diese bestimmte Art der Bestrafung der Ankläger des Sokrates noch auch überhaupt eine Bestrafung derselben für sicher angenommen werden darf (Zeller, Philos. der Griech., Aufl. 2, II, S. 137 Note 6 und S. 138 Note 1), hat für unseren Zweck keine Bedeutung.

5

werden, ist das Versagen des Feuers und anderer Dinge eine reine Privatsache. Es wird dabei das Wort Atimie gar nicht gebraucht, und wir dürfen uns daher auch nicht wundern, dass in allen den Stellen, wo von der attischen Atimie die Rede ist, wie namentlich in der Hauptstelle bei Andokides de myster. §. 73—76, von jenen Dingen gar nicht gesprochen wird. Bei der attischen Atimie handelt es sich um den vom Staat verhängten partiellen oder totalen Verlust staatsbürgerlicher Rechte [1]), im vorliegenden Falle aber sind es die einzelnen, welche schändliche Menschen dadurch bestrafen, dass sie ihnen die notwendigsten Lebensbedürfnisse versagen, die sie sich zwar teilweise wohl auch selber verschaffen können, mit denen sie aber doch immer wieder auf die Beihilfe anderer angewiesen sind [2]). Wir werden also die in Athen wie in Sparta als Strafe für ehrlose und verächtliche Menschen auftretende Versagung des Feuers als einen weiteren Beweis dafür ansehen, dass es nicht leicht war, wenn das Feuer im Hause erlosch, sich ohne fremde Unterstützung ein neues zu verschaffen.

[1]) Dieser vom Staat verhängten Atimie, und zwar dem zweiten Grade derselben, welcher in dem Verlust der bürgerlichen Rechte, doch ohne Verlust des Vermögens, bestand, fielen in Athen die Feiglinge anheim, die in Sparta von jener schwersten Atimie betroffen wurden, nämlich nach Andoc. de myst. §. 74: ὅσοισι λίποσιν τὴν τάξιν ἢ ἀστρατείας ἢ δειλίας ἢ ἀναυμαχίου ὄφλοισιν ἢ τὴν ἀσπίδα ἀποβάλοισιν. Sie wurden auch vom Markte, von den Heiligtümern des Staats, von jeder festlichen oder öffentlichen Zusammenkunft der Bürger verbannt. Äschines in Ctesiph. p. 566: ὁ μὲν τοίνυν νομοθέτης τὸν ἀστράτευτον καὶ τὸν δειλὸν καὶ τὸν λιπόντα τὴν τάξιν ἔξω τῶν περιρραντηρίων τῆς ἀγορᾶς ἐξείργει καὶ οὐκ ἐᾷ στεφανοῦσθαι οὐδ' εἰσίέναι εἰς τὰ ἱερὰ τὰ δημοτελῆ. Demosth. de Rhodior. libert. p. 200: ὑμεῖς τὸν λιπόντα τὴν ὑπὸ τοῦ στρατηγοῦ ταχθεῖσαν ἄτιμον εἶναι προστάττετε εἶναι καὶ μηδενὸς τῶν κοινῶν μετέχειν. Meier und Schömann, Att. Prozess S. 564. Meier, de bonis damnatorum S. 123, van Lelyveld, de infamia iure Attico, Amst. 1835, S. 88 ff. Von einer Verweigerung des Feuers aber ist hier nirgends die Rede. Diese gehört in Athen lediglich zu denjenigen Massregeln, durch welche die Privatleute einen anerkannt schlechten Menschen von sich ausscheiden und bestrafen.

[2]) Etwas ganz anderes als das Feuerversagen der Griechen war die [tecti et] aquae et ignis interdictio bei den Römern (Cic. pro dom. 30, 78. App. bell. civ. 1, 31). Hier handelt es sich nicht darum, dass einem kein Feuer mitgeteilt wird, sondern dass er Feuer und Wasser nicht gebrauchen darf. Feuer und Wasser sind die Grundbedingungen jedes Lebens und speziell jedes Hausstandes, durch ihren Genuss gehört man der Zahl der zum Leben im Haus und im Staate berechtigten Bürger an. Wem sie verboten werden, der muss aus der Zahl der Bürger, aus dem Verband des Staates ausscheiden. Gaius inst. 1, 128: cum is, cui ob aliquod maleficium ex lege Cornelia aqua et igni interdicitur, civitatem Romanam amittat, sequitur ut, quia eo modo ex numero civium Romanorum tollitur, proinde ac mortuo eo desinant liberi in potestate eius esse. Lactant. de orig. err. 2, 10: Interdictio usu earum rerum, quibus vita constat hominum, perinde habebatur, ac si esset, qui eam sententiam exceperat, morte mulctatus. Jene interdictio ist also nur ein symbolischer Ausdruck für die Ausweisung aus dem Staate. Göttling, röm. Staatsverf. S. 117. Zumpt, Criminalprozess der röm. Republik S. 455. Herzog, Gesch. und System der röm. Staatsverf. 1, S. 999. Gilbert, Gesch. u. Topogr. der Stadt Rom im Altert. Abt. 1. Leipz. 1883, S. 351, A. 3: In dieser hochaltertümlichen Formel enthalten diese beiden Begriffe aqua et ignis die Gesamtsumme aller Wohltaten, welche das Vaterland gewähren kann.

Das Gegenteil von aqua et igni interdicere ist das igni et aqua accipere der nova nupta. Fest. p. 2: aqua et igni tam interdici solet damnatis, quam accipiuntur nuptae, videlicet quia hae duo res humanam vitam maxime continent. Ovid. Fast. 4, 791: An quod in his (in igni et aqua) vitae causa est, haec perdidit exsul, His nova fit coniunx, haec duo magna putant? Vgl. Norm.-Momm. VII, S. 51. Rossbach, röm. Ehe 8. 115. 361 ff.] Die Zeremonie des Wassers und Feuers bedeutet die Aufnahme der Braut in die Herd- und Hausgenossenschaft ihres Mannes.

3. Das Entlehnen des Feuers.

Das Entlehnen des Feuers bei den Nachbarn ist etwas ganz Gewöhnliches und allgemein Gebräuchliches, ja, es erscheint in einzelnen Fällen, die uns berichtet werden, so sehr als das sich von selbst ergebende Mittel, um Feuer zu bekommen, dass wir wohl berechtigt sind, diese Erscheinung wenigstens als einen Beweis dafür zu betrachten, dass der Gebrauch der Feuerzeuge kein allgemeiner gewesen ist. Wir haben zunächst ausser der bereits angeführten Stelle im Trin. 679 zwei weitere Stellen aus Plautus. Aulul. 89 sagt der Geizhals Euclio zu seiner Dienerin, der alten Staphyla:

> Abi intro, occlude ianuam: iam ego hic ero.
> Cave quemquam alienum in aedis intromiseris.
> Quod quispiam ignem quaerat, extingui volo,
> Ne causae quid sit, quod te quisquam quaeritet.
> Nam si ignis vivet, tu extinguere extempulo.
> Tum aquam aufugisse dicito, si quis petet.
> Cultrum, securim, pistillum, mortarium,
> Quae utenda vasa semper vicini rogant,
> Fures venisse atque abstulisse dicito.

Der Geizhals will, dass kein Mensch sein Haus betrete, und weist deshalb seine Dienerin an, das Feuer auszulöschen, damit niemand solches bei ihm holen kann. Ebenso soll sie sagen, das Wasser sei ihr ausgelaufen, wenn jemand es verlangt, oder wenn ein Nachbar irgend ein Hausgeräte entlehnen will, es sei gestohlen worden. Vgl. Rud. 764, wo Labrax und Dämones sich unterhalten.

> La. Nullum habemus ignem: ficis vietiamus aridis.
> Daer. Ego dabo ignem, si quidem in capite tuo conflandi copiast.
> La. Ibo hercle aliquo quaeritatum ignem. — Dae. Quid, quom inveneris?
> La. Ignem magnum bic faciam.

Dass es nicht immer leicht war, Feuer in der Nachbarschaft zu erhalten, dass man zu diesem Zweck oft längere Zeit von Haus zu Haus gehen musste, zeigt die Fabel über Äsop bei Phädr. 3, 19. Äsop erhält als Sklave von seinem Herrn die Weisung, das Essen früher als gewöhnlich zu bereiten, und sucht deshalb in mehreren Häusern Feuer zu bekommen (ignem quaerens aliquot lustravit domus), endlich findet er ein Haus, wo er seine Lampe anzünden kann, er hat aber ziemlich lange herumgehen müssen, bis es ihm gelang, das Gewünschte zu erhalten. — Das Feuerholen dient auch als Vorwand, um in ein Haus einzudringen, was in der Stelle bei Plautus ohne Zweifel auch Euclio befürchtet. So möchte bei Longus Pastor. 3, 6 Daphnis unter irgend einem Vorwand in das Haus der Chloë Eingang finden und überlegt, was er wohl mit dem grössten Schein von Wahrheit vorbringen könnte. Sein erster Gedanke ist, zu sagen: »Ich wollte hier Feuer holen«. Darauf konnte man ihm aber erwidern: »Gab es denn keine näheren Nachbarn?« — Der ungetreuen Frau des Eratosthenes bei Lys. de caede Erat. §. 14 dient das Feuerholen zu einer lügenhaften Ausrede. Eratosthenes hat in der Nacht die Hausthüre knarren hören und befragt darüber seine Frau, sie entgegnet ihm, das Licht bei dem Kinde sei ausgegangen, da habe sie es bei den Nachbarn anzünden lassen. — Bei Petron. Sat. 135 macht Önothea, um ein Opfer zu bringen, zuerst mit glimmenden

Kohlen auf dem Altar ein Feuer an (mensam veterem posuit in medio altari, quam vivis implevit carbonibus). Wie dann das Feuer durch einen unglücklichen Zufall ausgelöscht wird, läuft sie, damit das Opfer keinen Aufschub erleide, in die Nachbarschaft, um neues Feuer zu holen, sie erhält es von einer Freundin und kommt zurück cum testo ignis pleno: collocavit illu ignem cassis harundinibus collectum ingestisque super pluribus lignis excusare coepit moram, quod amica se non dimisisset nisi tribus polionibus e lege siccatis. — Testum oder testu ist ein irdenes Gefäss, das auch bei Ovid. Fast. 2, 645 zum Tragen von glühenden Kohlen dient. Die mensa aber ist hier ein Aufsatz auf dem Altar, in den die Kohlen geschüttet werden, also etwas anderes als der Opfertisch, die sacra mensa, welche dazu bestimmt war, bei feuerlosen Speiseopfern die Opfergaben aufzunehmen, wozu auch der Spendewein zu rechnen ist. Vgl. Bötticher, Tektonik der Hellenen. Potsd. 1852. B. IV. S. 265. Marquardt-Mommsen VI. S. 160.

Wenn man nun, wie sich aus dem Bisherigen ergeben hat, so vielfach darauf angewiesen war, sein Feuer anderswo zu holen, so war es doch, wie es scheint, nicht erlaubt, für den gewöhnlichen Gebrauch Feuer vom Altar zu nehmen.[1]) So durfte selbst aus der Wohnung des flamen Dialis, weil sie einen Charakter der Heiligkeit hatte, kein Feuer für profane Zwecke fortgetragen werden. Fest. p. 106: Ignem ex domo flaminia efferri non licebat nisi divinae rei gratia. Gell. N. A. 10, 15, 7: Ignem e flaminia id est flaminis Dialis domo nisi in sacrum efferri ius non est. Und Phädrus Fab. 4, 11 erklärt durch eine Erzählung, woher es komme, dass man keine Lampe am Altarfeuer anzünden dürfe und umgekehrt kein Opferfeuer an einer Lampe, daher nämlich, weil einst ein Dieb seine Lampe am Altar Jupiters angezündet und so diesen beim Schein seines eigenen Lichts beraubt habe:

Ita hodie nec lucernam de flamma deum
Nec de lucerna fas est accendi sacrum.

Es kann damit indes nicht gesagt sein, dass das Altarfeuer immer nur wieder von einem Altar genommen werden dürfe, obgleich dies häufig geschehen mochte, wie wir aus einer Stelle in B. 8 der Äneis sehen. Für das Opfer, das auf dem in einem Hain vor der Stadt gelegenen Altar des Herkules dargebracht werden soll, bringen die Priester Evanders Feuer herbei (flammas ferebant v. 282). Am anderen Tage opfert Äneas dem Lar und den Penaten Evanders in dessen Hause, und da heisst es v. 542: Et primum Herculeis sopitas ignibus aras excitat. Man kann diese Worte nicht anders verstehen, als Jahn sie erklärt hat: am Tage vorher waren vom Altar des Hercules glühende Kohlen von dem dargebrachten Opfer mitgenommen und auf den Altären des Hauses niedergelegt worden, wo sie sich glimmend erhielten und jetzt von Äneas zur Flamme angefacht werden.

[1]) Vgl. Stat. Theb. 1, 512:

Canis etiamnum altaribus ignes,
Sopitum cinerem et tepidi libamina sacri
Servabant, adolere focos epulasque recentes
Instaurare jubet.

Hier wird das auf den Altären erhaltene Feuer allerdings auch für die Herde und zur Bereitung des Mahls verwendet, aber es ist keine gewöhnliche Mahlzeit, sondern ein Opfermahl, das mit demselben zubereitet wird.

Wir sehen also, wie man das Feuer von einem Altar auf den andern versetzte und dort für den weiteren Gebrauch zu erhalten wusste. Andererseits wissen wir aber auch, dass Kohlen vom häuslichen Herde zur Entzündung des Altarfeuers verwendet werden konnten. Ovid. Fast. 2, 645:

> Ara fit, huc igneni curto fert rustica testu
> Sumptum de tepidis ipsa colona focis.
> Ligna senex minuit concisaque construit arte
> Et solida ramos figere pugnat humo.
> Tum sicco primas inritat cortice flammas.

Curtum testu ist ein zerbrochenes Gefäss, eine Scherbe, und pugnat ist: bemüht sich. Die Äste werden wahrscheinlich zu dem Zweck in den Boden eingeschlagen, um den kunstvoll aufgerichteten Scheiterhaufen zu halten[1]. Dass man keinen Anstand nahm, das Herdfeuer für den Altar zu verwenden, während mit einer Lampe das Altarfeuer nicht angezündet werden durfte, erklärt sich daraus, dass die Lampe im Hause wohl meist nur dem profanen Gebrauch diente, während das Herdfeuer als der Vesta heilig neben dem, dass es für profane Zwecke verwendet wurde, auch eine religiöse Bedeutung hatte.

Wie man das Altarfeuer in der Heimat für den heiligen Gebrauch bewahrte, so nahm man es auch in die Fremde mit, um den sacralen Zusammenhang mit der Heimat zu erhalten. Dies geschah bekanntlich immer bei der Aussendung von Kolonien, indem die Kolonisten von dem heiligen Feuer in der Mutterstadt in die neu zu gründende Stadt mitnahmen. S. Vales. zu Polyb. 12, 10. bei Schweigh. VII. p. 90 ff. Preuner S. 140. Und das Gleiche war der Fall, wenn ein spartanischer König ins Feld zog. Xenophon de rep. Laced. 13 gibt uns eine genaue Schilderung des Hergangs. Zuerst opfert der König in der Heimat dem Ζεὺς ἡγήτωρ und den neben ihm verehrten Göttern; weist das Opfer günstige Zeichen, so nimmt der Feuerträger, πυρφόρος[2]), ein das Heer begleitender Priester, Feuer von dem Altar und schreitet damit voran bis zur Landesgrenze, wo der König wieder dem Zeus und der Athene opfert. Geben die diesen beiden Gottheiten dargebrachten Opfer gleichfalls günstige Zeichen, so überschreitet er die Grenze,

---

[1] So wird das Feuer, um es zusammenzuhalten, auch in einer Grube gemacht, wie es in der oben angeführten Stelle aus dem Homerischen Hymnus auf Hermes v. 112 heisst:

> πολλὰ δὲ κάγκανα κᾶλα κατουδαίῳ ἐνὶ βόθρῳ
> οὖλα λαβὼν ἐπέθηκεν ἐπηετανά· λάμπετο δὲ φλόξ
> τηλόσε φῦσαν ἱεῖσα πυρὸς μέγα δαιομένοιο.

Und ebenso hat man sich vielleicht auch die im μέγαρον befindliche ἐσχάρη, bei Homer als eine rundliche Vertiefung im Erdboden zu denken, in welcher ein Feuer brannte, das nicht nur zur Zubereitung der Speisen, sondern auch zur Erwärmung diente, indem man Tische und Sessel in deren Nähe rückte. Buchholz, Homer. Realien II, 2, S. 108. Vgl. Eustath. zu Od. 6, 305: ἐσχάρα ἡ πρὸς βιωτικὴν τρυφὴν γινομένη ἐπὶ τῆς. und zu 23, 71: ἐσχάρα βωμὸς ἱσόπεδος οὐκ ἐκ λίθων ὁζούμενος.

[2] Hesych. πυρφόρος· ὁ πῦρ φέρων. καὶ ὁ μόνος διασωθεὶς ἐν πολέμῳ. πυρσοφόρος· ὁ τὸ πῦρ φέρων ἀπὸ τοῦ πρώτου βωμοῦ ἐπὶ τὰ ὅρια καὶ φυλάττων μὴ ἀποσβεσθῇ. Phot. lex. πυρφόρος· πῦρ φέρων πυρφόρος δὲ ἔλεγον τοὺς ἱερέας τοὺς ἐπιβώμιον πῦρ ἀνάπτοντας. Über die sprichwörtliche Redensart μηδὲ πυρφόρον κειριτεῖσθαι κ. Phot. n. a. O., Herod. 8, 6, Eustath. zu Il. 12, 73.

und das Feuer von diesem Opfer wird vorangetragen und nie ausgelöscht d. h. es dient bei allen folgenden Opfern [1]).

4. Die Feuerlöschung und Feuerreinigung.

Es ist unzweifelhaft, dass im griechischen wie im römischen Wohnhause Herd und Hausaltar ursprünglich ungetrennt waren, dass dieselbe Feuerstätte, welche zum Bereiten der Speisen diente, auch zur Darbringung von Opfern benutzt wurde, und dass an dieses Feuer der Kultus der Hestia sich anschloss. Denn die Hestia ist eben diese Feuerstätte, und was in ihr verehrt wird, das ist das Feuer selbst, das reine und reinigende, das wohlthätige und notwendige Element (Prenner S. 44. 91)[²]). Den doppelten Gebrauch des Herdes zeigt recht deutlich die Anweisung Catos an die vilica, de re rust. 143 (ed. Schneider): Focum purum circumversum quotidie, priusquam cubitum eat, habeat. Kalendis, Idibus, Nonis, festus dies cum erit, coronam in focum indat. Per eosdemque dies Lari familiari pro copia supplicet. Cibum tibi et familiae curet uti coctum habeat. Weitere Stellen s. bei Preuner S. 91. Wie nun der Herd des Hauses eine doppelte Bestimmung hatte[³]), so hatte auch die Erhaltung des Herdfeuers einen doppelten Zweck: sie war notwendig für den praktischen Gebrauch des Feuers im Hause wie für den häuslichen Gottesdienst. Darum durfte das Feuer der Hestia in Rom wie in Griechenland nicht erlöschen[⁴]). Arnob. adv. nat. 2, 67 (ed. Reifferscheid): in penetralibus et culinis perpetuos fovetis focos. So gewinnen die oben angeführten Stellen über das ununterbrochen fortbrennende Feuer des häuslichen Herdes eine höhere Bedeutung: das Feuer, der religiöse Mittelpunkt des Hauses, musste beständig erhalten werden, damit das reinigende, segensreiche Walten der Hestia keine Unterbrechung erlitt. Natürlich konnte aber im Hause nicht mit der gleichen Sorgfalt wie in den Prytaneen und in den Tempeln mit ewigem Feuer darüber gewacht werden, dass das Feuer nie erlosch, so sehr man

---

[1]) Das Mitnehmen des Feuers war bekanntlich auch persischer Brauch. Curt. 3, 7: Ignis, quem ipsi (Persae) sacrum et eternum vocabant, argenteis altaribus praeferebatur. Vgl. Ammian. 23, 6, p. 406: Feruntque (die Magier), si iustum est credi, etiam ignem caelitus lapsum apud se sempiternis foculis custodiri, cuius portionem exiguam ut faustam praeisse Asiaticis regibus ferunt.

[²]) Vgl. Hermann, Griech. Antiquitt. Bd. 4, Aufl. 3, ed. Blümner, S. 151, Note 3: Für die ursprüngliche Identität von ἑστία und ἐσχάρα ist entscheidend die Schwurformel Hom. Od. 14, 159. 17, 156. Thuk. 1, 136. Plut. Them. 24. — Augustin de civ. Dei 4, 10: cum tamen sepius Vestam non nisi ignem esse perhibeant pertinentem ad focos. 4, 11: in focis domesticis (est) Vesta. Ovid. Fast. 6, 268: significantque deam templa forusque suam. 291: nec tu aliud Vestam quam vivam intellege flammam. Cic. de nat. deor. 2, 27: vis eius ad aras et focos pertinet.

[³]) Diese Doppelnatur des häuslichen Feuerherds wird auch in das Wesen der Göttin selbst verlegt, die einerseits das himmlische, andererseits das gewöhnliche menschliche Feuer sein soll. Serv. zu Aen. 2, 296: alii de igne divino hoc volunt dictum. Allericus philos. deor. imagin. 17: Vesta dea ignis, scilicet divini. Firmicus de err. prof. relig. p. 19: Vesta ignis est domesticus, qui in focis quotidianis usibus servit.

[⁴]) Vgl. Pfannenschmied, German. Erntefeste im heidnischen und christlichen Kultus. Hann. 1878, S. 21 f.: Die heiligste Stätte in den ältesten Wohnungen war der Herd. Das Feuer, das auf dieser h. Stätte brannte, durfte nie ausgehen; es brannte den ganzen Tag über, und des Nachts glimmte es unter der darüber geschütteten Asche: es war ein ewiges Feuer. Nur wenn der Hausherr gestorben war, wurde es ausgelöscht. Vgl. Simrock, deutsche Mythol. A. 2. Bonn 1864, S. 470.

sich Mühe geben mochte, es glimmend zu erhalten. Daher der häufig erwähnte Fall, dass man im Nachbarhause neues zu bekommen suchte, daher auch die Pflicht, niemand das erbetene Feuer zu versagen. Der Gebrauch der Feuerzeuge aber musste durch diese Umstände notwendig bedeutend zurückgedrängt werden, so dass, wenn man diese auch kannte und unter gewissen Verhältnissen anwandte, doch von einem beständigen, täglichen Gebrauch keine Rede sein konnte. Diese Verhältnisse traten dann ein, wenn man sich vom Hause und seiner Feuerstelle entfernte, oder wenn man, wie das bei den Landleuten häufig der Fall war, isoliert wohnte, so dass, wenn einmal das sorgfältig gehegte Feuer trotzdem erlosch, ein Anzünden bei den Nachbarn nicht so leicht stattfinden konnte.

Dadurch indes, dass das Feuer auf dem Herd des Hauses auch dem profanen Gebrauch diente, büsste es notwendig seine ursprüngliche Reinheit ein, und daher entstand das Bedürfnis, diese dadurch wieder herzustellen, dass man dasselbe auslöschte und an einer reinen Flamme wieder anzündete. Aber auch das Altarfeuer selbst konnte einer solchen Erneuerung als bedürftig erscheinen, sofern auch hier das himmlische, vom reinen Äther stammende Element durch die Berührung mit irdischen Stoffen seiner Reinheit verlustig gegangen war, oder diese wenigstens eine Abschwächung erlitten hatte [1]). Deshalb wurden in Rom am 1. März, dem alten Jahresanfang, die Feuer in den Vestatempeln ausgelöscht, neue angezündet und an diesen auch die Feuer in den Privathäusern erneuert. Macrob. Saturn. 1, 12, 6: Huius (mensis Martis) etiam prima die ignem novum Vestae aris accendebant, ut incipiente anno cura denuo servandi novali ignis inciperet. Ovid. Fast. 3, 143:

Adde quod arcana fieri novus ignis in aede (Vestae)
Dicitur et vires flamma refecta capit.

---

[1]) Selbst die Blitze, die vom Himmel zur Erde niederfahren, erscheinen als eine Erniedrigung des himmlischen Feuers, die der Natur dieses Feuers zuwider läuft. Dionys. Excerpta ex Lib. 16. 1, 1 f.: Ἀϐὸὸ γὰρ πρῶτον ἠνάγκασται τὴν ἰδίαν ἀλλάξαι φύσιν τὸ κρατοῦν πῦρ, εἴτε δὴ αἰθέριον εἴτε μετάρσιόν ἐστι, κάτω φερόμενον οὐ γὰρ δὴ αὐτῷ θέμις ἐπὶ τὴν θρῖθὸν κατὰ τὴν ἑαυτοῦ φύσιν, ἀλλ' ἀπὸ τῆς ἄνω μετεωροκολεῖν ἐν αἰθέρι γάρ αἱ ἐγγαλ τοῦ θεῖου κηρός. Δηλοῖ δὲ καὶ τὸ πῦρ τὸ παρ' ἡμῖν, εἴτε Ἡφαιστίου εἴτε Ἥφαιστον ἱερόν ἐστιν, ὁπότι λύσεις τοὺς δεσμούς, ἐν οἷς ἠνάγκασται μένειν, δι' ἀέρος ἄνω φερόμενον ἐπὶ τὸ συγγενὲς ἐκεῖνο καὶ πάσαν ἐν κύκλῳ περιαληφὲς τὴν τοῦ κόσμου φύσιν, τὸ δὴ θεῖον ἐκεῖνο καὶ χωρισθὲν ὕλης φθαρτῆς δι' ἀέρος ὀχούμενον, ὅταν ἐπὶ τὴν γῆν κατενέχθηται, βιασθὲν ὑπ' ἀνάγκης τινὸς ἰσχυρᾶς μεταϐολὰς μαντεύεται καὶ φωνὰς ἐπὶ τοὐψαλιν. Im Hinblick auf den himmlischen Ursprung und die Reinheit des Feuers suchte der Rhetor Apollonius die Athener von der Verbrennung der Toten abzubringen. »In die Hölle hatte, o Mensch, die Fackel!« sagte er in seiner Rede. »Was zwingt du das Feuer, was ziehst du es abwärts und quälst es? Vom Himmel stammt es, vom Äther ist es, zum Verwandten strebt es hin (οὐράνιόν ἐστιν, αἰθέριόν ἐστιν, πρὸς τὸ συγγενὲς ἔρχεται τὸ πῦρ). Es bringt nicht Tote hinunter, sondern Götter hinauf. O Prometheus, Fackelträger, Feuerbringer (λαϐοῦχε, εὐςφόρε), wie wird doch dein Geschenk misshandelt! Mit fühllosen Toten wird es in Berührung gebracht. Komm ihm zu Hilfe, rette es, entwende, wenn es möglich ist, auch von dort das Feuer!« (Philostr. Vit. sophist. 2, 20, 602). Übrigens war es bei den Griechen in der historischen Zeit allgemeine, wenn auch nicht ausschliessliche Sitte, die Toten zu begraben, nicht, sie zu verbrennen (Wachsm. Hellen. Altertumsk. II, S. 427). Der letztere Brauch gehört der heroischen Zeit an, und hier wurden, um das Feuer nicht zu verunreinigen, wenigstens die Selbstmörder begraben, wie Philostr. Heroic. 721 von Ajax erzählt: ἔθαψαν αὐτὸν κατεθάμενοι ἐς τὴν γῆν τὸ σῶμα ἐξηγουμένου Κάλχαντος, ὡς οὐχ ὅσιοι πυρὶ θάπτεσθαι οἱ ἑαυτοὺς ἀποκτιννύντες.

Mit dem Anfang des Jahres also beginnt in den Vestatempeln die Sorge für die Erhaltung eines neuen Feuers. Dass an diesem erneuten heiligen Feuer aber auch die Feuer in den Privathäusern neu entzündet wurden, zeigt eine Stelle bei Solin. 1. p. 3 D: Romani initio annum decem mensibus computaverunt a Martio auspicantes, adeo ut eius die prima de aris Vestalibus ignes accenderent. Unter diesen ignes können keine anderen verstanden werden als die gewöhnlichen Herdfeuer: sie zündeten ihre Feuer an. Diese müssen also vorher überall ausgelöscht worden sein, um an der neuen, reinen Flamme des Vestafeuers wieder angezündet zu werden, und wir haben somit hier denselben Brauch, den wir im christlichen Altertum finden, und der sich an manchen Orten noch bis auf die Gegenwart erhalten hat [1]). Auch an dem römischen Totenfest,

---

[1]) Grimm, Mythol. 1, S. 501: »Für undienstam zu heiligem Geschäft galt Feuer, das eine zeitlang unter Menschen gebraucht worden war, sich von Brand zu Brand fortgepflanzt hatte; wie Heilwasser frisch an der Quelle geschöpft werden musste, kann es darauf an, statt der profanen, gleichsam abgenutzten Flamme eine neue zu verwenden. Diese hiess das wilde Feuer, gegenüber dem zahmen, wie ein Haustier angewohnten. Zwar das aus dem Stein geschlagene oder geschürfte Feuer hätte allen Anspruch darauf, ein neues und frisches zu heissen, doch diese Weise schien entweder zu gewöhnlich oder die Erzeugung aus Holz wurde für althergebrachter und geheiligter angesehene. Grimm beschreibt dann S. 502 ff. die Art und Weise, wie dieses wilde Feuer oder Notfeuer (aus knotflur, von der Wz. hniudan, quassare, terere, tundere, also ein durch gewaltsames Stossen, Reiben und Schütteln hervorgelocktes Feuer), nachdem vorher alles Feuer in den Häusern gelöscht war, durch heftiges Aneinanderreiben von Hölzern an verschiedenen Orten erzeugt wurde und zum Teil noch erzeugt wird, wie z. B. in Hohenhameln, im Hildesheimischen, um Viehseuchen vorzubeugen. Dort werden zwei eichene Pfähle anderthalb Fuss von einander in die Erde getrieben, jeder Pfahl hat eine gegeneinander über stehende Vertiefung, in welche ein armsdicker Querstock passt. Die Vertiefungen sind mit Linnen gefüllt, und der Querstock wird nun so fest als möglich eingeklingt, Stricke halten die Pfähle oben zusammen. Den runden, glatten Querstock umwindet ein Seil, dessen lange, zu beiden Seiten bleibende Enden von mehreren Leuten gefasst werden. Diese ziehen den Querstock auf das schnellste hin und her, so dass durch die Reibung das Linnen in den Vertiefungen sich entzündel.

Nach Wolf, Beitr. z. deutsch. Mythol. Abt. 2, Götting. 1857, S. 377 ff. wurde dieses Notfeuer, das nicht bloss bei Krankheiten der Tiere, sondern auch bei solchen der Menschen angezündet ward, nachdem alles andere Feuer sorgfältig ausgelöscht war, gewöhnlich durch das schnelle Reiben einer Holzwalze, dann auch durch das Umdrehen eines Wagenrads (nach Kuhn S. 44 genauer durch das Umdrehen einer Achse in der Nähe eines Wagenrads oder durch bohrende Drehung einer Walze in dem Loche eines oder zweier Pfähle) erzeugt. An die Stelle dieses früher allgemein gebrauchten, aus dem Holz getriebenen h. Feuers trat dann später in der christlichen Kirche das aus dem Kieselstein geschlagene. So wurde in der ältesten Zeit alle Samstage neues Feuer zu den Kerzen in der Kirche geschlagen, im 11. Jahrh. wurde aber diese Sitte auf den Samstag vor Ostern beschränkt, an welchem noch heute in der katholischen Kirche Feuer aus einem Kieselstein geschlagen und geweiht wird. Das ist der ignis paschalis, dessen der h. Bonifacius ep. 87 gedenkt. Dieses aus dem Stein erzeugte Feuer verdrängte das aus dem Holz geriebene bis auf wenige Reste, deren einer sich in dem Notfeuer forterhielt.

Kuhn S. 44: Lexer aus Kärnten teilt mit (in Wolf, Zeitschr. für deutsche Mythologie und Sittenkunde 3, 31), dass man am Ostersamstage im Hause alles Feuer ausgehen lasse und frisches heimtrage von jenem, welches vom Pfarrer auf dem Kirchhof geweiht und mittels Stahl und Stein hervorgebracht werde. In gleicher Weise berichtet Leoprechting (Aus dem Lechrain S. 172), dass das Karsamstagsfeuer mit Stahl und Stein, nie mit Schwefelspan, auf dem Freithof angezündet werde; jedes Haus bringt dazu ein Scheit von einem Wallnussbaum, welches beim Gewitter auf das Herdfeuer gelegt zur Abwehr des Blitzschlags dient. — Andererseits berichtet E. Tylor, Einleitung in das Studium der Anthropologie und Civilisation, deutsch von Siebert. Braunschw. 1883, S. 84, von den Indiern: Sie benutzen zwar schon seit langer Zeit Feuerstein und Stahl, um für gewöhnliche Zwecke Feuer zu erzeugen, die Brahmanen dagegen bedienen sich zur

Feralia, am 21. Febr. wurden, wie es scheint, die Herdfeuer ausgelöscht, Ovid. Fast. 2, 564:

> Di quoque templorum foribus celentur opertis,
> Ture vacent arae stentque sine igne foci.

Allerdings können unter diesen foci auch die öffentlichen Feuerherde, die Altäre, verstanden sein, wie ja focus so häufig von Dichtern in der Bedeutung Altar gebraucht wird (Ov. Metam. 4, 753. A. A. 1, 638), aber die arae sind ja daneben noch ausdrücklich genannt, und ausserdem lag es sehr nahe, dass an diesem Fest, wo alles durch den Verkehr mit den Toten verunreinigt wurde, und wo Ovid dem Hymenäus zuruft, seine Fackeln zu verbergen und sie von der Berührung mit den Totenfackeln, ignes atri, fern zu halten, wie alle heiligen Feuer so auch das Herdfeuer, um es vor Beflockung zu bewahren, ausgelöscht wurde (vgl. Bötticher, Buch IV. S. 181). Auf welche Weise am 1. März das Vesta-Feuer wieder angezündet wurde, ist nicht gesagt, ohne Zweifel aber geschah es, um eine reine Flamme herzustellen, am Sonnenfeuer oder durch Feuerhölzer, wie in dem Falle, wenn eine Vestalin das h. Feuer ausgehen liess (s. oben S. 19 u. 22 und Gilbert, Gesch. u. Topogr. der Stadt Rom im Altert., I. S. 351 A. 4). Wenn so an der neuen, reinen Flamme des Vesta-Feuers auch die Feuer in den Häusern neu angezündet wurden, so liegt darin, dass, so sehr auch für gewöhnlich das heilige und das profane Feuer geschieden waren, doch der Zusammenhang des letzteren mit dem ersteren und mit dem himmlischen Feuer nie als ganz gelöst betrachtet wurde, ja, dass man das Bedürfnis fühlte, wenigstens einmal im Jahr auch für den profanen Gebrauch wieder eine reine Flamme auf dem Herd aufleuchten zu lassen.

Denselben Brauch einer alljährlichen Erneuerung der Feuer finden wir auch in Griechenland, wenn auch nicht allgemein, so doch wenigstens an einem Orte, auf der Insel Lemnos, wo der Vulkan Mosychlos, wie auf Sicilien der Krater des Ätna, für eine Schmiede des Hephästos galt, dem die ganze Insel heilig war. Die Insel wurde nach Philostratus Her. 19, 14. p. 740 alljährlich, angeblich wegen einer alten schweren Blutschuld, des »Lemnischen Männermords«, gereinigt; alles Feuer wurde ausgelöscht, und so blieb es neun Tage lang, bis das heilige Schiff von Delos kam und neues Feuer brachte. Wenn dieses Schiff vor Beendigung der Totenopfer, die man in dieser Zeit auf der Insel anstellte, dort eintraf, so landete es nirgends an derselben, sondern blieb auf der hohen See bei einem Vorgebirge, bis es ihm verstattet war einzulaufen. Denn während der Zeit, wo man die unterirdischen, geheimnisvollen Götter anrief, sollte das Feuer auf dem Meere in seiner Reinheit bewahrt werden. Wenn aber das heilige Schiff eingelaufen war, und das mitgebrachte Feuer sowohl für die sonstigen Lebensbedürfnisse als auch für die Künste, die es nötig haben, d. h. in die Häuser und die Werkstätten, verteilt wurde, da sagten die Lemnier, von jetzt an beginne ein neues Leben (ἐπειδὰν δὲ ἡ θεωρὶς ἐσπλεύσῃ καὶ νείμωνται τὸ πῦρ ἔς τε τὴν ἄλλην δίαιταν ἔς τε τὰς ἐμπύρους τῶν

Erzeugung des h. Feuers für das tägliche Opfer noch des alten Verfahrens, indem sie einen zugespitzten Stock in ein anderes Stück Holz hineinbohren, bis durch die Reibung Feuer entsteht. Auf die Frage, warum sie dies beschwerliche Verfahren anwenden, trotzdem dass ihnen ein bequemeres bekannt sei, antworteten sie: um reines und heiliges Feuer zu erhalten.

τεχνῶν, καινοῦ τὸ ἐντεῦθεν βίου φασὶν ἄρχεσθαι)[1]). »Es spricht sich darin,« sagt Preller, Griech. Mythol. Aufl. 2. I. S. 141, »dasselbe Gefühl aus, welches auch die Sage von Prometheus durchdringt, dass das irdische Feuer von dem himmlischen abstamme, und dass es durch die Anwendung auf das menschliche Leben verunreinigt werde, seine Reinheit also durch Busse und Sühnung und Rückkehr zu der ursprünglichen Quelle wiederhergestellt werden müsse.« Bei diesem Lemnischen Brauch scheinen zwei Elemente unterschieden werden zu müssen, das allgemeine Bedürfnis der Feuerreinigung, wie es im römischen Brauch vorliegt, wo von keiner besonderen Veranlassung die Rede ist, und die Sühnung des alten Frevels und die Reinigung von demselben. Beide sind aber in eins zusammengegangen. Das religiöse Bewusstsein knüpfte die alljährliche Reinigung des Feuers durch Einholung des neuen Delischen Feuers, die gewiss seit uralten Zeiten auf der Insel bestand, an einen bestimmten Anlass, eine alte Blutschuld, durch welche das Land sowie die dort befindlichen Feuer verunreinigt worden seien, und so schloss sich dann die Feuerreinigung enge an die vorausgehenden Totenopfer an. In dieser Blutschuld ist aber eigentlich nur der allgemeine Gedanke, dass das reine Element des Feuers durch die Berührung mit dem Irdischen und mit dem menschlichen Leben und seinen Greueln befleckt werde, zu einem recht starken, konkreten Ausdruck gelangt. Einen ganz bestimmten Anlass hatte die von den Griechen veranstaltete Feuerreinigung nach der Schlacht bei Plataä, von der uns Plutarch Aristid. c. 20 erzählt. Als die Griechen wegen der nach dem Sieg darzubringenden Opfer in Delphi anfragten, gebot ihnen der Pythische Gott, dem Zeus Eleutherios einen Altar zu errichten, auf diesem Altar aber nicht eher zu opfern, als bis sie alles Feuer im Lande, das von den Barbaren verunreinigt sei, ausgelöscht und vom gemeinsamen Herde in Delphi reines Feuer angezündet hätten. Sofort gingen die Führer der Griechen im Lande umher und nötigten die Bewohner, die gerade Feuer hatten (τοὺς γραμένους), dieselben auszulöschen, der Plataäer Euchidas aber erbot sich, so schnell als möglich Feuer aus dem Delphischen Tempel (τὸ παρὰ τῷ θεῷ πῦρ) zu bringen. In Delphi angelangt, reinigte er seinen Leib, besprengte sich mit Weihwasser und bekränzte sich mit Lorbeer. Dann nahm er das Feuer vom Altar, eilte im Lauf nach Plataä und kam noch vor Sonnenuntergang dort an: er hatte an einem Tage tausend Stadien zurückgelegt. Kaum hatte er seine Mitbürger begrüsst und das Feuer übergeben, so sank er zu Boden und gab seinen Geist auf. Das Opfer für die Toten, das dann alljährlich in feierlichster Weise für alle in ihrem Lande gefallenen und begrabenen Hellenen darzubringen die Plataäer übernahmen, durfte also mit dem durch die Anwesenheit und Berührung der Barbaren verunreinigten Feuer nicht veranstaltet werden, sondern man musste dazu reines und heiliges Feuer vom Altar in Delphi holen, und zwar in aller Schnelligkeit, »um ihm seine ursprüngliche Reinheit zu bewahren und gleichsam die Kontinuität zwischen dem Herde in Plataä und dem Altare des Gottes in Delphi herzustellen« (Wecklein, der Fackelwettlauf, im Hermes VII, 1873 S. 446). Das Merkwürdige bei dieser Erzählung ist nun aber das, dass nicht bloss für das anzustellende Opfer ein solches reines Feuer geholt wird, sondern dass alle

---

[1]) Vgl. Welcker, Tril. Prom. S. 247 f. 291. Rhode, res Lemniacae, Vratisl. 1829 p. 54 f. Hermann, gr. Antiqu. A. 2. II. §. 65. Anm. 9. Wecklein, der Fackelwettlauf, S. 447.

Feuer im Lande ausgelöscht werden müssen, wobei sicherlich nur an die Landschaft von Platää zu denken ist, während Bötticher (Buch IV. S. 182) an das Feuer in den Lagerzelten wie an das aller Herde in Hellas denkt.[1]) Darüber aber kann kein Zweifel sein, dass, wie das Opferfeuer, so auch das Feuer in den Häusern, ähnlich wie dies auf Lemnos geschah, an jenem von Delphi gebrachten reinen Feuer wieder angezündet wurde. Das Feuer in der ganzen Landschaft war durch die Barbaren verunreinigt und musste deshalb erneuert werden. Wir finden also auch hier wieder jenen bedeutsamen Zusammenhang zwischen dem heiligen und dem profanen Feuer, jene Reinigung und Erneuerung des letzteren aus dem reinen Feuerquell des Tempels. Wenn indes Bötticher (S. 181) diese Auslöschung der Feuer in den Privathäusern, wie in den Tempeln und Prytaneen, als allgemein hellenischen Brauch bei jedem Reinigungsfest bezeichnet, so können wir dem zunächst bezüglich dieser Feier nach der Schlacht bei Platää nicht zustimmen. Denn in diesem Falle hätte das Löschen und Erneuern des Feuers im Lande notwendig bei jeder späteren Feier des Totenfests wiederholt werden müssen, wie das alljährlich auf Lemnos geschah, während wir bei der sehr genauen Beschreibung, welche Plutarch (c. 21) von der jährlichen Totenfeier der Platäer gibt, kein Wort über eine Feuerlöschung lesen. Wir müssen also annehmen, dass es damals nur der besondere Anlass, die Verunreinigung des Feuers durch die Barbaren, war, was diese Löschung nötig machte.

Sind es nun in diesen beiden Fällen, bei dem Sühnfest auf Lemnos und bei dem Totenopfer nach dem Tage von Platää, öffentliche Feiern, bei denen dieser Brauch in Ausführung kommt, so berichtet uns Plutarch auch von einer privaten Feier, wobei die gleiche Sitte geübt wurde. Quaest. Graec. 24 erzählt er von den Argivern: Diejenigen, welche einen Verwandten oder Freund verloren haben, pflegen gleich nach der Trauer dem Apollon zu opfern und dreissig Tage später dem Hermes. Dem Priester des Apollon geben sie Gerste und empfangen dafür Fleisch vom Opfertier, dann löschen sie das Feuer als verunreinigt aus, zünden es bei anderen wieder an und braten das Fleisch, was sie ἐγχυτρίζειν nennen. Auch diese Stelle erklärt Bötticher (S. 182) nicht richtig, wenn er sagt: »Die Argiver löschten das Feuer, welches sie zur Verrichtung der sacra des Hermes Psychopompos gebraucht hatten, als τὸ μεμιασμένον und entzündeten das reine Opferfeuer alsdann wieder mit der Flamme, die ihnen der Priester aus dem Heiligtum des Apollon (wahrscheinlich des Lykeios zu Argos), in welchem ein ewiges Feuer brannte, mit einem Stücke geweihten Opferfleisches übergeben hatte, zum sogenannten ἐγχυτρίζειν.« Von einem Löschen des Opferfeuers ist hier gar nicht die Rede, weder von dem des Hermes noch von dem des Apollon, das Feuer, das gelöscht wird, ist vielmehr das gewöhnliche Herdfeuer im Hause des Toten, dieses zünden sie παρ' ἑτέροιν d. h. in einem Nachbarhause wieder an, um daran das ihnen vom Priester geschenkte Stück Opferfleisch zu braten. So fassen diese Stelle auch Schömann (Griech. Altert. II. S. 197) und Preuner (S. 474). Dieses Feuer im Hause ist durch die Nähe des Toten verunreinigt und bedarf deshalb der Erneuerung. Bemerkenswert ist hier auch das, dass man, um reines Feuer

---

[1]) Bötticher spricht S. 192 davon, dass durch herumgesandte Herolde die Feuer aller hellenischen Herde für entweiht erklärt und gelöscht worden seien, dagegen sind aber die Worte des Berichts: οἱ μὲν οὖν ἄρχοντες τῶν Ἑλλήνων περιϊόντες εὐθὺς ἠράχαισον ἀποσβεννύναι· τὰ πυρὰ πάντα τοὺς γραφόμενος.

zu gewinnen, nicht Feuer von einem Altar holt, sondern vom Nachbarhause, dessen Feuer, wenn auch nicht absolut rein, so doch durch keine Berührung mit dem Toten verunreinigt ist. Wenn aber Bötticher (S. 182) sagt: »Die Sitte, an dem Tage des allgemeinen wie jedes besonderen Trauer- und Totenfestes die profanen Herdfeuer zu löschen und nach vollendeter Feier durch reines Feuer zu ersetzen, geht durch ganz Hellas,« so· ist der Beweis dafür von ihm nicht erbracht. Die Feuerlöschung nach der Schlacht von Plataä kann, wie wir gesehen haben, nicht dafür angeführt werden, und der Brauch von Lemnos und von Argos darf nicht ohne weiteres als allgemein hellenischer angesehen werden. So nahe also der Gedanke liegt, dass, wo man mit Toten zu schaffen hatte, und sowohl Dinge als Personen durch diese verunreinigt wurden, die Feuer, auf deren Reinhaltung man besonderen Wert legte, gelöscht worden seien, so kann man doch auf Grund dessen, was uns darüber Geschichtliches berichtet wird, die Allgemeinheit dieses Brauchs für Griechenland nicht als erwiesen annehmen. Eher dürfte er für die römische Sitte gelten, wenn man die Ovidische Stelle über die Feralia (Fast. 2, 564) nach unserem Sinne erklärt.

Dieser ganze Brauch der Feuerlöschung und Wiederanzündung am reinen Feuer aber, wie er in Rom und in Griechenland aus verschiedenen Anlässen und in verschiedenen Formen auftritt, weist darauf hin, dass man in den Privathäusern das Feuer brennend zu erhalten suchte, er hat diese Thatsache zu seiner natürlichen und fast notwendigen Voraussetzung. Denn wenn man dort das Feuer jeden Tag mittels der Feuerhölzer oder Feuersteine neu angefacht hätte, so hätte man ja eben damit immer wieder eine reine Flamme erzeugt, [1]) und andererseits würde die Herstellung eines reinen Feuers in jenen Häusern, wie sie namentlich in Rom am 1. März für das ganze Jahr vollzogen wurde, ihre Wirkung eingebüsst haben, wenn diese gereinigte Flamme nicht auf dem Herd fortwährend erhalten worden wäre. Nur bei einer solchen Einrichtung, wo die Kontinuität des Herdfeuers gewahrt blieb, hatte jener Brauch Sinn und Bedeutung.

---

[1]) In der Praxis war es freilich so, dass das neue, reine Feuer immer nur vom Priester hervorgebracht wurde.

Nachrichten über das Schuljahr 1883/84.

I. Chronik der Anstalt.

a. Klassen, Lehrer und Lehrfächer.

Für das Schuljahr 1883/84 wurde eine Klasse Xb wieder provisorisch errichtet, wogegen die Klasse VIIIb entbehrlich wurde; die daraus für die Verteilung der Lehraufgaben sich ergebenden Änderungen sind aus der nachstehenden Zusammenstellung ersichtlich.

Im Lehrerpersonal sind folgende Veränderungen eingetreten:

Vermöge Höchster Entschliessung Seiner Königlichen Majestät vom 8. Oktober 1883 wurde die neuerrichtete philologische Professorsstelle am Gymnasium in Ulm dem Hilfslehrer Dr. Sixt am oberen Karlsgymnasium übertragen.

Durch hohen Erlass der Kultministerialabteilung vom 9. Oktober 1883 wurde zum Hilfslehrer an der provisorischen Klasse IXb der Professoratskandidat Walz, derzeit Hilfslehrer am Lyceum in Cannstatt, bestellt.

Durch Erlass vom 25. Oktober 1883 wurde genehmigt, dass an den im hebräischen Unterricht bisher kombinierten Schülerabteilungen der Klassen IX und X für das laufende Schuljahr getrennter Unterricht in je 3 Wochenstunden eingerichtet und gleichzeitig der Unterricht in der hebräischen Sprache an den Klassen VIIa und b dem Hilfslehrer Süskind für das laufende Schuljahr übertragen werde.

Durch Erlass vom 25. September 1883 wurden die beiden Gymnasialvikare Schnürle und Engelbrecht ihrer Funktionen am Karlsgymnasium enthoben und der Professoratskandidat Kies von Stuttgart zum ersten Vikar am Karlsgymnasium bestellt.

Durch Erlass vom 23. Oktober 1883 wurde der Lehramtskandidat Böhringer von Aalen zum zweiten Vikar am Karlsgymnasium bestellt; durch Erlass vom 29. Dezember 1883 wurde derselbe zum ersten Vikar am Eberhard-Ludwigs-Gymnasium hier ernannt und nach Erlass vom 4. Januar d. J. durch den Präzeptoratsverweser D ö l k e r an der Lateinschule in Urach ersetzt. Dieser wurde durch Erlass vom 24. April zum Präzeptoratsverweser an der Lateinschule in Marbach bestellt und nach Erlass vom 12. Mai durch den Präzeptoratskandidaten S e i f e r h e l d, derzeit Präzeptoratsverweser an der Lateinschule in Ebingen, ersetzt. Der letztere wurde durch Erlass vom 23. Juni zum Präzeptoratsverweser an der Lateinschule in Ebingen bestellt und nach Erlass vom 19. August durch den Lehramtskandidaten C h r i s t a l l e r von Schorndorf ersetzt.

Zu militärischen Übungen waren Professor H a u b e r vom 4. Juni bis 29. Juli und Professor H e r z o g vom 22. Juni bis 31. Juli beurlaubt; der erstere wurde vertreten durch Gymnasialvikar K i e s, der letztere durch den Präzeptoratskandidaten M a i s c h aus Untertürkheim, der auch zur Vertretung erkrankter Lehrer an den Klassen IV und V in der Zeit vom 1. Mai bis 21. Juni wiederholt verwendet wurde.

Im T u r n u n t e r r i c h t trat die Änderung ein, dass gemäss Erlass vom 24. Mai d. J. Professor A l b r e c h t und Präzeptor S c h a i c h den Turnunterricht an den Klassen IV n und VI b übernommen haben.

Durch Erlass vom 21. Februar d. J. wurde bestimmt, dass die im Dezember 1883 amtlich festgestellten neuen Vorschriften für die d e u t s c h e R e c h t s c h r e i b u n g, welche mit der in den anderen Schulen Deutschlands durchgeführten deutschen Rechtschreibung im wesentlichen übereinstimmen, mit Georgii 1884 eingeführt werden und bis Georgii 1885 durchgeführt sein sollen. Demgemäss wurde mit Beginn des Sommerhalbjahrs der Besitz der Schrift: »Regeln und Wörterverzeichnis für die deutsche Rechtschreibung in den württembergischen Schulen 1884« für sämtliche Schüler obligatorisch gemacht und die neue Rechtschreibung im gesamten Unterrichts- und Dienstbetrieb des Gymnasiums eingeführt.

b. Ferien und Feierlichkeiten.

Die W e i h n a c h t s f e r i e n dauerten vom 21. Dezember bis 2. Januar, die O s t e rf e r i e n vom 10. bis 21. April, die Sommerferien vom 16. Juli bis 16. August.

Am 11. November v. J. wurde der 400jährige G e b u r t s t a g M a r t i n L u t h e r s durch eine Festrede von Professor Dr. K i t t e l und Deklamationen und Gesänge von Schülern im Konzertsaal der Liederhalle gefeiert.

Auf eine Feier des Geburtsfestes Seiner Majestät des Königs musste das Karlsgymnanasium in Ermanglung eines der Feier würdigen Festsaals auch in diesem Jahre verzichten.

Das N a t i o n a l f e s t a m 2. S e p t e m b e r wurde durch eine Ansprache des Rektors, durch die Rede eines Schülers der Klasse X, durch Deklamationen von Schülern der Klassen VII—IX und durch Gesänge des Singchors der mittleren Abteilung in der Staatsturnhalle gefeiert.

c. Schüler.

Die Schülerzahl betrug:

bei der oberen Abteilung im Winter 189, im Sommer 180,

» » mittleren » » » 176, » » 171,

» » unteren » » » 212, » » 205.

Gesamtzahl der Schüler im Winter 577, im Sommer 556.

Hebräisch lernten aus Klasse VII—X 49, Englisch aus Klasse VII—IX 42, Italienisch aus Klasse VIII und IX 12, Zeichnen aus Klasse IV 22, aus V 19, aus VI 9, aus VII—X 15 Schüler.

d. Prüfungen.

Auf Grund einer ausserordentlichen, im Oktober 1883 am Karlsgymnasium abgehaltenen Abiturientenprüfung erhielt das Reifezeugnis der seitherige Schüler der Anstalt:

Gustav Klopfer, Sohn des K. Leibchirurgen in Stuttgart, zum Studium der Medizin.

Auf Grund einer ausserordentlichen, im März 1883 am Gymnasium in Ellwangen abgehaltenen Abiturientenprüfung erhielt das Reifezeugnis:

Eugen Oxle, Sohn des Kleiderhändlers in Ludwigsburg, zum Studium der Medizin.

Die ordentliche Abiturientenprüfung für das Jahr 1884 wurde in den Monaten Juli, August und September vorgenommen. Von 40 Angehörigen der Anstalt, welche an derselben teilgenommen, erhielten die nachstehenden das Zeugnis der Reife:

Max Ascher, Sohn des Kaufmanns in Stuttgart, zum Studium der Kameralwissenschaft,
Karl Hauer, Sohn des Gerichtsnotars in Stuttgart, zum Studium der Medizin,
Isidor Bodenheimer, Sohn des Kaufmanns in Stuttgart, zum Studium der Kameralwissenschaft,
Max Bofinger, Sohn des † Turnlehrers in Stuttgart, zum Studium der Staatswissenschaften,
Max Bücheler, Sohn des Rektors in Stuttgart, zum Studium der Naturwissenschaften,
Karl Burk, Sohn des Oberkonsistorialrats in Stuttgart, zum Studium der Staatswissenschaften,
Martin Donndorf, Sohn des Professors in Stuttgart, zum Studium der Rechtswissenschaft,
Albert Ellinger, Sohn des Fabrikanten in Stuttgart, zum Studium der Rechtswissenschaft,
Friedrich Euler, Sohn des Pfarrers in Grossaachen, zum Studium der Naturwissenschaften,
Julius Finckh, Sohn des † Kaufmanns in Stuttgart, zum Studium der Medizin,
Paul Fries, Sohn des Ökonomen in Stuttgart, zum Studium der Philosophie,
Otto Gaupp, Sohn des Privatmanns in Cannstatt, zum Studium der Philosophie,
Emil Grössle, Sohn des † Tapeziers in Stuttgart, zum Studium der Theologie,
Albert Gross, Sohn des Fabrikpächters in Hohenheim, zum Studium der Medizin,
Christian Haller, Sohn des Schuhmachers in Vaihingen a. E., zum Studium der Philologie,
Albert Hartmann, Sohn des Oberlehrers in Stuttgart, zum Studium der Theologie,
Adolph Herrmann, Sohn des Kaufmanns in Stuttgart, zum Studium der Theologie,
Friedrich Hopfengärtner, Sohn des Oberstlieutenants in Ludwigsburg, zum Studium der Medizin,
Friedrich Kalber, Sohn des Schultheissen in Wurmberg, zum Studium der Kameralwissenschaft,
Otto Kaulla, Sohn des Geh. Hofrats in Stuttgart, zum Studium der Rechtswissenschaft,

Gottlob Knosp, Sohn des Postbediensteten in Stuttgart, zum Studium der Medizin,
Hermann Lautenschlager, Sohn des Rechtsanwalts in Stuttgart, zum Studium der Medizin,
Friedrich Linder, Sohn des Kanzlisten in Stuttgart, zum Studium der Theologie,
Reinhold von Liphart, Sohn des † Rittergutsbesitzers auf Rathshof, zum Studium der Philosophie,
Ernst Nordsieck, Sohn des † Privatmanns in Bonn, zum Studium der Militärwissenschaft,
Rudolph Paulus, Sohn des Oberingenieurs in Stuttgart, zum Studium der Medizin,
Alfred Pross, Sohn des Betriebsinspektors in Friedrichshafen, zum Studium der Kameralwissenschaft,
Friedrich Renz, Sohn des Schultheissen in Oberjettingen, zum Studium der Rechtswissenschaft,
Gustav Reyscher, Sohn des Kaufmanns in Stuttgart, zum Studium der Rechtswissenschaft,
Karl Römer, Sohn des Oberamtsrichters in Canstatt, zum Studium der Naturwissenschaften,
Hermann Ruff, Sohn des Stadtschultheissen a. D. in Hechingen, zum Studium der Philologie,
Alfred Schmid, Sohn des Pfarrers a. D. in Stuttgart, zum Studium der Theologie,
Theophil Stammbach, Sohn des Kaufmanns in Stuttgart, zum Studium der Militärwissenschaft,
Hermann Steinheil, Sohn des Oberregierungsrats in Stuttgart, zum Studium der Medizin,
Max Stockmayer, Sohn des Kaufmanns in Cannstatt, zum Studium der Theologie,
Philipp Stoll, Sohn des Gastwirts in Hohenheim, zum Studium der Naturwissenschaften,
Gotthold Strenger, Sohn des Ökonomen in Lichgau, zum Studium der Theologie.

Ferner wurden durch Erstehung der Konkursprüfung zur Aufnahme in das evangelisch-theologische Seminar zu Tübingen zum Studium der Theologie ermächtigt, und zwar im Seminar:

Eugen Häussler, Sohn des † Kaufmanns in Stuttgart,
Friedrich Hehl, Sohn des Hofmusikus in Stuttgart,
Emil Lechler, Sohn des Kaufmanns in Stuttgart,
Reinhold Planck, Sohn des † Ephorus in Maulbronn,

ausserhalb des Seminars:

Eugen Dipper, Sohn des Lehrers in Stuttgart,
Adolf Schmid, Sohn des Kaufmanns in Stuttgart.

Durch Erstehung des evangelischen Landexamens wurden in das niedere theologische Seminar zu Schönthal aufgenommen:

Ernst Hausser, Sohn des Schultheissen in Bissingen,
Albert Müller, Sohn des † Fabrikanten in Stuttgart,
Eugen Müller, Sohn des Kaufmanns in Stuttgart,
Georg Silcher, Sohn des Kriegsrats in Stuttgart,
Otto Wilhelm, Sohn des † Buchbinders in Stuttgart.

Das Zeugnis über die wissenschaftliche Befähigung für den einjährig-freiwilligen Dienst wurde im abgelaufenen Schuljahr 53 Schülern ausgestellt.

e. Geschenke.

1. Von Herrn Prof. Dr. Chr. Ziegler hier:
   1. Curtius, E. Peloponnesos. 2 Bände. Gotha 1851, 1852.
   2. Flavii Philostrati quae supersunt, Philostrati junioris Imagines, Callistrati Descriptiones, edidit E. L. Kaiser, Turici 1844.

2. Von der J. B. Metzler'schen Buchhandlung hier:
   Schmidt, Dr. J. H., die Eurhythmie in den Chorgesängen der Griechen. Leipzig 1868.

3. Von Herrn Oberstudienrat Dr. Kraz hier:

1. Aeschyli Agamemnon, übersetzt von Dr. A. Oldenberg. Stolp 1865.
2. Luciani Samos. Opera. ed. Bipont., 9 Bände. 1789—1791.
3. Plato's Gastmahl, übersetzt und erläutert von Dr. E. Zeller. Marburg 1857.
4. Sophokl. Ödipus Col., erklärt von Fr. Sartorius. Gotha 1882.
5. Thucyd. Die 3 Reden des Perikles übersetzt und erklärt von Dr. H. Kraz. Nördlingen 1880.
6. Neue, die Formenlehre der lat. Sprache. 2 Teile. 2. A. Berlin 1875 u. 1877.
7. Schwegler, Dr. A. Geschichte der Philosophie im Umriss. Stuttgart 1848.
8.   »   »   » Geschichte der griechischen Philosophie, herausgegeben von Dr. K. Köstlin. 2. A. Tübingen 1870.
9. Ziegler, Th., Lehrbuch der Logik. 2. A. Bonn 1881.

Den verehrten Gebern sprechen wir hiemit unsern verbindlichsten Dank aus.

f. Verzeichnis der 1883/84 für die Bibliothek angeschafften Werke.

A. Griechische Autoren.

Aristotelis quae feruntur Magna Moralia ed. Fr. Susemihl. Lips. 1883.
(Aristotelis Ethica Eudemia) Eudemi Rhodii Ethica recogn. Fr. Susemihl. Lips. 1884.
Aristotelis de Anima Libr. III recogn. G. Biehl. Lips. 1884.
Demosth. ausgewählte Reden erkl. von A. Westermann. I. Bdchen. Berlin 1883.
Euclidis Elementa Vol. II. ed. et latine interpretatus est J. L. Heiberg. Lips. 1884.
Claudii Galeni Pergameni Scripta minora Vol. 1 ex recogn. J. Marquardt. Lips. 1884.
Herodot, erklärt von H. Stein. Bd. 1 u. 3. Berlin 1882 u. 1884.

B. Lateinische Autoren.

Cicer. or. pr. Flacco, erklärt von A. du Mesnil. Leipzig 1883.
Horatii Opera rec. O. Keller et A. Holder. ed. minor. Lips, 1878.
P. Papinius Statius Vol. II, Fasc. II rec. Ph. Kohlmann. Lips. 1884.
Taciti Opera, ed. Orelli-Sidler. 2. A. I u. II. 1—4 Turici 1859. Berolini 1877—1884.
Taciti Dialogus de Orat. rec. et annotat. instr. E. Dronke. Confl. 1828.
Vergilii Opera ed. et ill. A. Forbiger. 3 Bde. 4. A. Leipzig 1872—1875.

C. Griechische und lateinische Sprachwissenschaft.

Krüger, K. W., griechische Sprachlehre für Schulen. 2 Bde. 5. A. Leipzig 1875—1879.
Schrammen, J., über die Bedeutung der Formen des Verbum. Heiligenstadt 1884.

E. Griechische und römische Altertumskunde.

Seyffert, Dr. O., Lexikon des griechischen Altertums. Leipzig 1882.
Lange, L., römische Altertümer. 3 Bde. 3. A. Berlin 1876—1879.
Bernhardy, G., Grundriss der griechischen Litteratur. 3 Bde. Halle 1867—1876.
Müller, K. O., Geschichte der griechischen Litteratur. 2 Bde. 3. A. von E. Heitz. Stuttgart 1875, 1876.
Herzog. Dr. E., Geschichte und System der römischen Staatsverfassung. Bd. I. Leipzig 1884.
Roscher, W. H., ausführliches Lexikon der griechischen und römischen Mythologie mit zahlreichen Abbildungen. 2 Lieferungen. Leipzig 1884.
Baumeister, A., Denkmäler des klassischen Altertums. 5 Lieferungen. München u. Leipzig 1884.
Dittenberger, Guil., Sylloge Inscriptionum graecarum 2 Teile. Leipzig 1883.

F. Encyklopädie und Geschichte der Philologie.

Bursian, C., Geschichte der klassischen Philologie in Deutschland. 2 Bde. München u. Leipzig 1883.

G. Pädagogik und Schulwesen.

Schmid, K. A., Encyklopädie des gesamten Erziehungs- und Unterrichtswesens. 2. A. I—VI, 1. Leipzig 1876—1884.
Schmid, K. A., Geschichte der Erziehung von Anfang bis auf unsere Zeit. Bd. I. Stuttgart 1884.
Cohn, H., Hygiene des Auges. Wien u. Leipzig 1883.
Esmarch, Dr. Fr., zur Belehrung über das Sitzen der Schulkinder. Kiel 1884.
Hasemann, P., die Überbürdung der Schüler in den höheren Lehranstalten. 2. A. Strassburg 1884.

7

Uhlig, G., die Stundenpläne für Gymnasien etc.
2. A. Heidelberg 1884.

Dillmann, C., das Realgymnasium. Stuttgart 1884.

Flach, Dr. H., Württemberg und die Philologie.
Stuttgart 1884.

Pfleiderer, Dr. E., zum Wesen der Universität etc.
Tübingen 1884.

Boden, Arthur v., über die Einflüsse unseres Gymnasiums auf die Jugendbildung. 2. A. Tübingen 1884.

H. Zeitschriften.

Bursian, C., Jahresbericht 1883.

Correspondenzblatt Württembergs. 1884.

Jahrbücher, Neue für Philologie und Pädagogik 1883.

Wochenschrift für classische Philologie von H. Hirschfelder. Leipzig und Prag 1884.

I. Deutsche Schriftsteller.

Deutsche Klassiker des Mittelalters. Mit Wort- und Sacherklärungen herausgeben von Fr. Pfeiffer.
12 Bde. Leipzig 1864—1872.

Deutsche Nationallitteratur, herausg. von J. Kürschner: aus derselben 12 Bde.

K. Deutsche Sprache.

Becker, Dr. K. F., der deutsche Stil, neu bearbeitet von Dr. O. Lyon. Leipzig und Prag 1884.

Wendt, Dr. G., Aufgaben zu deutschen Aufsätzen aus dem Altertum. Berlin 1884.

L. Deutsche Litteraturgeschichte.

Palleske, E., Schillers Leben und Werke. 10. A.
Stuttgart 1879.

Schwab, Chr. Th., Gustav Schwabs Leben erzählt von seinem Sohne. Freiburg und Tübingen 1883.

Scherwald, Dr. Fr., Deutsche Dichter und Denker in Proben. 8. Lieferung. Altenburg 1883.

P. Religion.

Keil und Delitzsch, Kommentar über das Alte Testament: von denselben 8 Bde. Leipzig 1870 bis 1883.

O. Philosophie.

Mill, John Stuart, System der deduktiven und induktiven Logik, übersetzt von Th. Gompertz.
Bd. I. 2. A. Leipzig 1884.

R. Geschichte.

Ranke, L. v., Weltgeschichte IV. Teil. Leipzig 1883.

Wernicke, Prof. Dr. C., die Geschichte der Welt.
6 Teile. 5. A. Berlin 1874. 1875.

Grote, G., Geschichte Griechenlands. Aus dem Englischen. 6. Bde. 2. A. Berlin 1880—1882.

Hertzberg, G. Fr., Griechische Geschichte. Halle 1884.

Maurer, Chr. Fr., Geschichte der Hellenen in alten und neuen Darstellungen. Leipzig 1884.

Gregorovius, F., der Kaiser Hadrian. 2. A. Stuttgart 1884.

Jäger, Dr. O., Geschichte der Römer. 5. A. Gütersloh 1884.

Nissen, H., Italische Landeskunde. Bd. I: Land und Leute. Berlin 1883.

Roth, Dr. K. L., Römische Geschichte nach den Quellen erzählt. 2. A., herausgegeben von Dr.
A. Westermayer. I. Teil. Nördlingen 1884.

S. Geographie.

Bädeker, K., Griechenland. Handbuch für Reisende.
Leipzig 1883.

Jugendschriften.

Herrlich, Dr. S., Grundriss der Mythologie der Griechen. Leipzig 1884.

Luther, Martin, im deutschen Lied. Altes und Neues, herausgegeben von Fr. Braun. Stuttgart 1883.

Paulig, F. R., Geschichte des 30jährigen Kriegs.
Frankfurt a. O. 1882.

Württembergische Neujahrsblätter, herausgegeben von J. Hartmann. 1. Blatt: Eberhard im Bart.
Stuttgart 1884.

Köstlin, Dr. J., Martin Luther, sein Leben und seine Schriften. 2 Bde. Elberfeld 1883.

II. Behandelte Lehraufgaben.

I. Obere Abteilung.

Klasse X a und b.

Fächer	Lehrer	Wochenstunden	Gelesenes oder Behandeltes
Latein. Exp. a.	Planck	6	Tacitus Dialogus. Germania. Annalen I. III. XV, 38—55. 62—65. Horaz Oden I, 2. 3. 11. 12. 15. 16. 28. 34. 35. II, 15. 16. 19. 20. III, 5. 6. 14. 16. 25. IV, 5. 6. 8. 12. 14. 15. Episteln I, 1—10. II, 1. 2.
b.	Hauber	—	Tacitus Agricola. Germania. Annalen I. II. 1—26. 41—46. 53—63. 69—75. 82. 83. 88. Horaz Episteln I, 1—13. 16. 19. 20. II, 1—3.
— **Komp.** a.	Lamparter	2	Hebdomadarien. — Mündliche Übersetzung aus Nägelsbach lat. Stilübungen III.
b.	Hauber	—	Hebdomadarien. — Mündliche Übersetzung aus Schillers Abfall der Niederlande.
Griech. Exp. a.	Lamparter	5	Platon Phaidon. — Thukydides I mit Auswahl. — Sophokles Antigone. — Stoll, griechische Lyriker I mit Auswahl.
b.	Kayser	—	wie a., nur Thuk. I (mit Auslassungen), II, 34—46. 59—65.
— **Komp.** a.	Lamparter	1	Hebdomadarien alle 14 Tage. — Mündliche Übersetzung aus den Themata von Bäumlein.
b.	Kayser	—	Hebdomadarien alle 14 Tage. — Repetition der Syntax und Exzeptionen.
Französisch a.	Ehrhart	2	Molière, Les femmes savantes. Lanfrey, Histoire de Napoléon. Hebdomadarien alle 14 Tage. Mündliche Übersetzung aus Schillers Abfall der Niederlande.
b.	—	—	wie a.

Fächer	Lehrer	Wochenstunden	Gelesenes oder Behandeltes
Deutsch	a. Hauber	2	Literaturgeschichte von Opitz bis Göthe. — Aufsätze.
	b. —	—	wie a.
Religion, evang.	a. Kittel	2	Sittenlehre.
	b. —	—	wie a.
— kath.	a. u. b. Mangold	1	Sittenlehre.
Geschichte	a. Lamparter	2	Neue Geschichte seit 1740.
	b. —	—	wie a.
Philosoph. Propaed.	a. Lamparter	2	Im Winter Psychologie, im Sommer Logik nach Becks Grundriss.
	b. —	—	wie a.
Mathematik	a. Lökle	3	Algebra: Bardey, Aufgabensammlung. Quadratische Gleichungen mit 2 und mehr Unbekannten; arithmetische und geometrische Reihen; Zinseszins- und Rentenrechnung. — Repetitionen aus dem Pensum der Kl. VIII und IX, mit schwierigeren Aufgaben. Geometrie: Stereometrie nach Kommerell-Hauck, 3. Buch von Lehrsatz 9 bis Schluss. Übungsaufgaben aus Spitz und Martus. Trigonometrie: das rechtwinklige und das schiefwinklige Dreieck, mit Übungen aus Spitz und Wallentin. Planimetrische Übungen zu Spicker, Abschnitt I—XIII.
	b. —	—	wie a.
Physik	a. Lökle	im Winter 2	Mechanik der festen, flüssigen und gasförmigen Körper.
	b. —	—	wie a.
Mathem. Geographie	a. Lökle	im Sommer 2	Im Anschluss an den Abriss von Wiegand.
	b. —	—	wie a.
Naturwissenschaften	a. und b. Sigel	im Winter 2	Mineralogie. Formverhältnisse (Krystallographie), physikalische und chemische Eigenschaften der Mineralien. Ausgewählte Kapitel aus der speziellen Mineralogie.
		im Sommer 3	Zoologie. Die tierischen Gewebe, Organe und Funktionen. Knochen- Muskel- und Nervensystem des Menschen.

Fächer	Lehrer	Wochenstunden	Gelesenes oder Behandeltes
Turnen a. Weychardt		2	Marsch- und Gelenkübungen. Geräteturnen. Gewehrfechten. Spiele. Im Sommer öfters Baden. Freiturnen.
b. —		—	wie a.

Fakultative Fächer.

Fächer	Lehrer	Wochenstunden	Gelesenes oder Behandeltes
Hebräisch	Kittel	3	Im Winter Ps. I—L. — Im Sommer Jes. I—XIII. Joel. — Grammatik (Syntax und Repetition der Formenlehre). Perioden.
Neues Testam.	Häring	1	Im Winter Hebräerbrief, im Sommer statt des N. T. Geschichte Israels mit Behandlung einzelner Stücke des A. Testaments.

Klasse IX a und b.

Klassenlehrer: a. Professor Dr. Rapp, b. Hilfslehrer Walz.

Fächer	Lehrer	Wochenstunden	Gelesenes oder Behandeltes
Latein. Exp. a. Rapp		6	Horaz Oden I, 1. 3. 4. 7. 9. 14. 17. 20. 22. 24. 26. 31. 37. 38. II, 1. 3. 6. 7. 10. 13. 14. 17. 18. III, 1. 2. 4. 6. 8. 9. 13. 18. 21. 23. 24. 25. 29. 30. IV, 2. 3. 7. 12. 14; Carmen Saeculare; Epoden 1. 2. 4. 7. 13; Satiren I, 1. 4. 6. 9. 10. II, 6. 8. — 52 ausgewählte Briefe Cicero's in der Ausg. von Frey. — Cicero Cato Maior. — Perioden.
b. Walz		—	Horaz Oden, Carm. Saec., Epoden wie a. Satiren I, 1. 3. 4. 6. 9. 10. II, 2. 6. 8. Ausgewählte Briefe Cicero's, Ausg. von Frey. Cic. in Verrem IV. Perioden.
— **Komp.** a. Rapp		2	Hebdomadarien und andere schriftliche Stilübungen. — Besprechung einzelner Kapitel aus der Stilistik.
b. Walz		—	Hebdomadarien. — Mündliche Übersetzung aus Naegelsbach III. — Besprechungen aus der Stilistik.

Fächer	Lehrer	Wochenstunden	Gelesenes oder Behandeltes
Griech. Exp. a. Rapp		5	Homers Ilias mit Auswahl. — Demosth. 1. Olynth. Rede und 3. gegen Philipp. — Platon Apologie. — Euripides Iphigenie in Taurien.
	b. Walz	—	Euripides Medea, sonst wie a.
— **Komp.** a. Rapp		1	Hebdomadarien alle 14 Tage. — Repetition der Syntax und Exceptionen.
	b. Walz	—	Hebdomadarien alle 14 Tage. Exzeptionen. Repetition der Syntax.
Französisch a. Ehrhart		2	Ampère, Voyages et littérature. Racine, Britannicus. Hebdomadarien alle 14 Tage. Mündliche Übersetzung aus Schillers 30jährigem Krieg.
	b. —	—	wie a.
Deutsch a. Hauber		2	Literaturgeschichte von Anfang bis 16. Jahrh. einschl. — Vortragsübungen.
	b. Ehrhart	—	wie a.
Religion, evang. a. Kittel		2	Glaubenslehre.
	b. —	—	wie a.
— kath. a. u. b. Mangold		1	Gemeinsch. mit Kl. X.
Geschichte a. Walz		2	Neuere Geschichte vom Zeitalter der Entdeckungen bis 1740.
	b. —	—	wie a.
Röm. u. Griech. a. Rapp **Altertümer**		2	Topographie. Staatsverfassung. Finanzwesen. Kriegswesen. Kult. Privatleben. Kunst.
	b. —	—	wie a.
Mathematik a. Lökle		4	Algebra: Bardey, Aufgabensammlung. Repetition der Potenzen und Wurzeln, mit Erweiterungen; neu: Logarithmen. — Quadratische Gleichungen mit 1 und mit 2 Unbekannten. Repetitionen aus den Gleichungen des ersten Grads, mit etwas schwierigeren Beispielen. Geometrie: Repetition von Spieker, Abschnitt I—XIII, mit Übungen. Stereometrie nach Kommerell-Hauck, 1. Buch, 2. Buch mit Auswahl. Trigonometrie: Goniometrie; das rechtwinklige Dreieck.
	b —	—	wie a.

Fächer	Lehrer	Wochenstunden	Gelesenes oder Behandeltes
Physik	a. Lökle	1	Reibungselektrizität, Magnetismus. Wellenlehre; Akustik, Optik.
	b. —	—	wie a.
Naturwissenschaften	a. u. b. Sigel	im Winter 2	Chemie: Einleitung in die Naturwissenschaften. Die Elemente, chemische Verbindungen und Zersetzungen; chemische Analyse.
		im Sommer 3	Allgemeine Botanik: Bau und Funktionen der Pflanzen und ihrer Gewebteile. Die Organe der Pflanzen.
Turnen	a. Weychardt	2	Spezielle Botanik: Demonstration von Pflanzen. wie Klasse X.
	b. —	—	—

Fakultative Fächer.

Hebräisch	Kittel	3	Im Winter 1. Kön. I—XIV. — Im Sommer 1. Kön. XV — Schluss. Ps. I—XX. — Grammatik (Repet. der Formenlehre). — Seit Sommer Perioden.
Neues Testam.	Häring	1	Gemeinschaftlich mit Kl. X.
Englisch	Ehrhart	2	Macaulay, Macchiavelli. Byron, the prisoner of Chillon. Mündliche Kompositionsübungen.
Italienisch	Cattaneo	1	Wiederholung des I. Kurs der ital. Conversations-Grammatik von Sauer, und Lektüre aus L'Inferno di Dante.

Klasse VIII.

Klassenlehrer: Professor Dr. Kayser.

Latein. Exp.	Kayser	6	Sallust Jugurtha. — Cicero Catil. I. II. Phil. I. II. — Vergil Aen. VI.
— Komp.	Kayser	im Winter 2 im Sommer 3	Hebdomadarien und andere schriftliche Stilübungen.

Fächer	Lehrer	Wochenstunden	Gelesenes oder Behandeltes
Griech. Exp.	Hauber	5	Hom. Odyssee IX—XIV. XVI—XIX. XXI— XXIII (mit einigen Auslassungen). — Herodot V und VI mit Auswahl. — Plutarch Tib. und Gaius Gracchus.
— Komp.		1	Hebdomadarien alle 14 Tage. — Themata von Bäumlein.
Französisch	Ehrhart	3	Baranie, Histoire de Jeanne d'Arc. Aus Hölders Lit.: Ségur. Borel Kurs II. — Hebdomadarien alle 14 Tage.
Deutsch	Meyer	2	Mittelhochdeutsche Grammatik. — Nibelungen. Gedichte von Walther von der Vogelweide mit Auswahl. — Vortragsübungen. — Aufsätze.
Religion, evang.	Kittel	2	Kirchengeschichte bis zum Ende der Reformationszeit.
— kath.	Mangold	2	Dogmatik nach dem Religionshandbuch von Dreher.
Geschichte	Kayser	2	Römische Geschichte von den Gracchen bis zum Schluss. — Mittlere Geschichte.
Geographie	Staigmüller	2	Politische Geographie der Länder Europas und deren Kolonien mit besonderer Berücksichtigung der politischen Geographie Deutschlands.

Fächer	Lehrer	Wochenstunden	Gelesenes oder Behandeltes
Mathematik	Staigmüller	4	Algebra: Repetition des Pensums der Klasse VII. Neu durchgenommen: Lehre von den Proportionen, Potenzen und Wurzeln — mit kurzem Dictat — Bardey X—XIII. Ausziehen der Quadratwurzel Bardey XIV. Lehre von den linearen Gleichungen mit mehreren Unbekannten. Von Übungen zur Lehre der linearen Gleichungen wurden durchgenommen: Bardey XX: Nr. 404—534. XXII: zweite Stufe, XXIII: A und B XXIV: erste Stufe, sowie eine Anzahl entsprechender Aufgaben aus andern Sammlungen. Geometrie: Repetition des Pensums der Klasse VII. Neu durchgenommen: Abschnitt VI—IX. (incl.) aus Spiekers Lehrbuch, nebst einer grossen Anzahl von Aufgaben aus den Übungen zu Abschnitt V—IX.
Turnen	Weychardt	2	Wie Klasse X.

Fakultative Fächer.

Hebräisch	Kittel	3	Im Winter Mezgers hebr. Übungsbuch zu Ende gebracht. — Ruth. — Schriftliche Kompositionen. — Im Sommer Genes. I—XXX.
Neues Testam.	Häring	1	Lukasevangelium.
Englisch	Ehrhart	2	Imm. Schmidts Elementarbuch. Abschnitt III. Wash. Irving, Life of Columbus.
Italienisch	Cattaneo	2	Sauers Ital. Conversations-Grammatik I. Kurs. Regeln, Leseübungen und Übersetzungen.
Fechten	Schädle	2	Stossfechten.

8

Klasse VII a und b.

Klassenlehrer: a. Hilfslehrer Dr. Meyer, b. Hilfslehrer Süskind.

Fächer	Lehrer	Wochenstunden	Gelesenes oder Behandeltes
Latein. Exp.	a. Meyer	6	Liv. I. II. — Verg. Aen. I. II. IV.
	b. Süskind	—	Liv. VII. VIII (mit Auslassungen); sonst wie a.
— **Komp.**	a. Meyer	2	Hebdomadarien. — Mezgers Stilübungen.
	b. Süskind	—	wie a.
Griech. Exp.	a. Meyer	5	Xen. Anabasis I—III. — Hom. Od. I—VIII (mit Auslassungen).
	b. Süskind	—	wie a.
— **Komp.**	a. Meyer	1	Hebdomadarien. — Themata von Bäumlein.
	b. Süskind	—	Hebdomadarien. — Themata von Bäumlein. — Repetition der Grammatik.
Französisch	a. Zech	3	Borels Grammatik Kurs I; mündliche Übersetzung der Aufgaben bis § 91. Aus Hölders Literatur: Voltaire Siège d'Antioche aus der Histoire des Croisades von Michoud. — Hebdomadarien alle 14 Tage. Dictées.
	b. —	—	wie a.
Deutsch	a. Meyer	2	Schillers Leben und Werke. — Poëtik. — Deklamation. — Aufsätze.
	b. Süskind	—	wie a.
Religion, evang.	a. Kittel	2	Einleitung in die Schriften des alten und neuen Testaments.
	b. Häring	—	wie a.
— kath.	a u. b. Mangold	—	Gemeinschaftlich mit Klasse VIII.
Geschichte	a. Meyer	2	Alte Geschichte bis zu den Graechen nach Plötz' Grundriss.
	b. Süskind	—	wie a.
Geographie	a. Schreiber	im Sommer 2	Physikalische Geographie mit besonderer Berücksichtigung Europas, nach Reuschles Lehrbuch der beschreibenden Geographie.
	b. —	—	wie a.

Fächer	Lehrer	Wochenstunden	Gelesenes oder Behandeltes
Mathematik	a. Staigmüller	im Winter 5 im Sommer 4	Algebra: Einführung in die Buchstabenrechnung: Bardey I—IX nebst den Hauptsätzen aus X und XI. Lehre von den linearen Gleichungen mit einer Unbekannten; von Übungen hiezu wurden durchgenommen: Bardey XX. Nr. I—403. und XXII erste Stufe, sowie eine Anzahl entsprechender Aufgaben aus andern Sammlungen. Geometrie: Im Anschluss an das Lehrbuch von Spieker wurde der systematische Teil der Abschnitte I—V (incl.) durchgenommen, woran sich Besprechung und Ausführung einer grossen Zahl der in den Übungen zu den erwähnten Abschnitten enthaltenen Aufgaben schloss.
	b. —	—	wie a.
Turnen	a. Weychardt	2	wie Klasse X. Vorschule im Gewehrfechten.
	b. —	—	—

Fakultative Fächer.

Uebräisch	Süskind	3	Gesenius-Kautzsch's Grammatik (Formenlehre). — Mezgers hebr. Übungsbuch bis § 40. Schriftl. Übungen im Komponieren.
Neues Testam.	Häring	1	Gemeinschaftlich mit Klasse VIII.
Englisch	Ehrhart	2	Schmidt, Elementarbuch § 1—20.
Geom. Zeichnen	Staigmüller	alle 14 Tage 2 Stunden	Einführung in das geometrische Zeichnen mit Übungen im Gebrauche der betreffenden Hilfsmittel. Graphische Lösung geometrischer Aufgaben und Ausführung einfacher geometrischer Ornamente.

II. Mittlere Abteilung.

Klasse VI a und b.

Klassenlehrer: a. Professor Dr. Nast, b. Professor Graf.

Fächer	Lehrer	Wochenstunden	Gelesenes oder Behandeltes
Latein. Exp.	Die Klassenlehrer	6	a. Winterhalbjahr: Ausgewählte Stücke aus Cicero von Jordan S. 1—46. 52—66 und Anhang: Briefe. Sommerhalbjahr: [Ausgewählte Stücke aus Livius von Jordan: Nr. 1. 3. 6. 7. 8. 12. 13. 27. 29. 33. 35. Im Laufe des ganzen Jahrs: Grysar Ovid. carm. sel. Nr. II. III. ganz. Aus Nr. IV. V. VI. einzelne Stücke. — Perioden.
			b. Jordan, ausgewählte Stücke aus der III. Dekade des Livius, I—XXIX. Grysar, Ovid Metam. I, 89—415. II, 1—366. III, 511—733. V, 294—532. — Perioden.
— Komp.	—	6	a. Holzer II, 127—250. mit Auslassungen. — Hebdomadarien. — Monatliche Protocoarbeiten.
			b. Holzer II, 101—173. — Hebdomadarien. — Monatliche Protocoarbeiten.
Lat. Verslehre	—	1	Lehre vom elegischen Versmass. Metrische Übungen.
Griech. Exp.	—	4	a. Chrestomathie II. Kurs. Abschnitt I. IV, 1—11. 13. 14. 19. V. VI, 1. 2.
			b. Chrestomathie pag. 65—88 und II. Kurs, Abschnitt I—III.
— Komp.	—	2	a. Materialien XI—XV. Themata von Bäumlein: die deutschen Stücke von Nr. 1—69. — Hebdomadarien. — Monatliche Protocoarbeiten. — Exzeptionen.
			b. Syntax. Materialien § 53 bis 100. — Hebdomadarien. — Monatl. Protocoarbeiten. — Exzeptionen.

Fächer	Lehrer	Wochenstunden	Gelesenes oder Behandeltes
Französisch	Zech	3	Benecke, Schulgrammatik, Ausgabe B. 2. Teil. § 1—12 nebst mündlicher Übersetzung der dazu gehörigen Übungsstücke. Gruners französische Chrestomathie: I, 1. 2. 3. 4. 6. 7. 8. 12. 14. 16. 17. 19. 21. 30. II, 5. 7. 11. 12. 13.
Deutsch	Die Klassenlehrer	1	Aufsätze; Deklamationsübungen; ausgewählte Stücke aus dem Lesebuch für die Latein- und Realschulen Württembergs, Teil III.
Religion	—	2	Apostel-Geschichte, apostolische Briefe und Offenbarung nach der vorgeschriebenen Auswahl. Reformationsgeschichte. — Repetition des Katechismus.
Geschichte	—	1½	a. Deutsche Geschichte von Rudolf von Habsburg bis 1870 einschl. b. Deutsche Geschichte von Rudolf von Habsburg bis zur französischen Revolution.
Geographie	—	1½	Aussereuropäische Erdteile.
Arithmetik	Staigmüller	2	Arithmetik: Verhältnisrechnung: Stockmayer II. Bändchen § 7. Prozent-, Zins-, Obligationen-, Disconto-, Gewinn- und Verlust-, Termin-, Teilungs- und Mischungsrechnungen: Stockmayer III. Bändchen §§ 1—8. Verwandlung gemeiner Brüche in Dezimalbrüche und umgekehrt §§ 12 und 13. Abgekürzte Multiplikation und Division der Dezimalbrüche §§ 10 und 11. Repetitionen aus § 8 a.
Turnen	a. Weychardt	im Winter 2 im Sommer 3	Marsch-, Gelenk- und Hauptübungen. Geräteturnen. Spiele. Im Sommer mehrfach Baden. Freiturnen.
	b. Schaich	—	wie a.

Klasse V a und b.

Klassenlehrer: a. Professor Fuchs, b. Professor Dr. Herzog.

Fächer	Lehrer	Wochenstunden	Gelesenes oder Behandeltes
Latein. Exp.	Die Klassenlehrer	6	a. Caes. bell. Gall. I. II. VII. Gaupps latein. Anthologie II. Monatliche Perioden.
			b. Caes. bell. Gall. I—V mit Auswahl, sonst wie a.
— Komp.	—	6	Holzer Übungsstücke II, 1—80. — Hebdomadarien. — Monatliche Protocoarbeiten.
Griechisch	—	6	Formenlehre vollendet. Syntax, nach den Materialien von Gaupp und Holzer I—X incl. — Hebdomadarien. — Protocoarbeiten. — Exzeptionen.
			Exposition aus Schmids Vorübungen und Chrestomathie Kurs I, Seite 70—95.
Französisch	Zech	3	Benecke, franz. Schulgrammatik, Ausgabe B. 1. Teil §§ 1—75.
			Exposition einiger Lesestücke. Erlernung von Vokabeln.
Deutsch	Die Klassenlehrer	1	Aufsätze und Deklamationsübungen. — Lesebuch III, ausgewählte Stücke.
Religion	—	2	Bücher der Könige und die vorgeschriebenen Abschnitte aus den Propheten und Evangelien.
			Memoriert und repetiert wurden die vorgeschriebenen Lieder, Sprüche und Stücke des Katechismus.
Geschichte	—	1½	Römische Geschichte von dem 3. punischen Kriege an. Deutsche Geschichte bis zu den Kreuzzügen (ausschl.).
Geographie	—	1½	Geographie des deutschen Reichs und Asiens.
Arithmetik	Maag	2	Multiplikation und Division der gemeinen Brüche. Schlussrechnung. Zinsrechnungen. Angewachsene Kapitalien, Diskonto, Gewinn- und Verlustrechnungen. Gesellschafts- und Teilungsrechnungen. Stockmayer II. Band. 40.—61. Gruppe.

Fächer	Lehrer	Wochenstunden	Gelesenes oder Behandeltes
Schönschreiben	Schuler	1	Deutsche, lateinische, griechische und Rundschrift.
Singen	—	1	Notenlesen und -schreiben. Entwicklung der Tonleitern nach der Quinten- und Quartenfolge. Singen von Chorälen und Liedern der Krauss-Weeberschen Sammlung Heft 3 und 5 (Volks- und Vaterlandslieder).
Turnen	a. Schädle	im Winter 2 im Sommer 3	Wie Klasse VI.
	b. Weychardt	—	—

Klasse IV a und b.

Klassenlehrer: a. Professor Albrecht, b. Professor Schöttle.

Latein. Exp.	Die Klassenlehrer	6	Nepos und Lhomond-Holzer mit Auswahl. Gaupps Anthologie I.
— Komp.	—	6	a. Holzer I, 51 bis Schluss mit Auswahl. — Hebdomadarien und Prolocoarbeiten. b. Holzer I, 51 bis 110; sonst wie a.
Griechisch	—	6	a. Grammatik bis zu den Verba liquida (incl.) nach Koch's Gramm.— Gaupp-Holzer 1—64. — Hebdomadarien und Prolocoarbeiten. b. Gaupp-Holzer 1—58 und 61—64; sonst wie a.
Deutsch	—	1	Aufsätze. Lese- und Deklamationsübungen. Lesebuch II, ausgewählte Stücke.
Religion	—	2	Geschichte des alten Bundes bis zum Salomonischen Tempelbau, ausgewählte Stücke aus Mose, Josua, Richter, Samuelis, Könige, Hiob, Psalmen und Sprüchen. Repetiert wurden sämtliche Sprüche der III. Abteilung und die Lieder 2. 3. 5. 13. 26. 93. 102. 142. 160. 177. 364. 381. 461. 462. 481. 514. 549. Neu gelernt der Katechismus.

Fächer	Lehrer	Wochenstunden	Gelesenes oder Behandeltes
Geschichte	Die Klassenlehrer	1½	a. Griechische Geschichte bis zur Schlacht bei Chäronea. Römische Geschichte bis zu den gracchischen Unruhen (excl.). b. Griechische Geschichte bis Schluss. Römische Geschichte bis 201.
Geographie	—	1½	Europa mit Ausschluss von Deutschland.
Arithmetik	Schuler	3	Dezimalbrüche nach Stockmayer I. Band. Gemeine Brüche nach Stockmayer II. Band.
Schönschreiben	—	1	Deutsche, lateinische und griechische Schrift.
Singen	—	1	Notenlesen. Singen von Chorälen und Liedern der Sammlung für die evangel. Volksschulen Württembergs, Heft 2. Weeber-Krauss Heft 3.
Turnen	a. Albrecht b. Weychardt	im Winter 2 im Sommer 3	Wie Klasse VI.

III. Untere Abteilung.

Klasse III a und b.

Klassenlehrer: a. Präceptor Mohl, b. Präceptor Grotz.

Lateinisch	Die Klassenlehrer	12	Exposition: Grammatik von Hermann und Weckherlin p. 251—264 mit Auswahl. Viri illustres von Lhomond-Holzer, Nr. I bis XX. Grammatik: Hermann und Weckherlin §§ 224. 225. 234. 240 Zusatz. 250. 251. 252 Zusatz. 263c. 268. 269. 272 278a. 5. 278b. 283 Zusatz. 284—293. 295—312. nebst dem Anhange mit Ausschluss der Oratio obliqua. — Memorieren von Vokabeln und Phrasen. Komposition: Die zusammenhängenden Stücke der Grammatik. 20 Übungsstücke aus Holzer I.

Fächer	Lehrer	Wochenstunden	Gelesenes oder Behandeltes
Deutsch	Die Klassenlehrer	3	Leseübungen an Stücken aus dem Lesebuch Teil II nebst Erklärung; Regeln über die deutsche Rechtschreibung; Diktiertschreiben; grammatische Übungen; mündlicher Vortrag; Memorieren von Gedichten.
Religion	—	3	Bibl. Geschichte des A. und N. Testaments. Memoriert wurden die Lieder 3. 5. 13. 93. 177. und die vorgeschriebenen 27 Sprüche aus der 3. Abt. des neuen Spruchbuchs.
Geschichte	—	1½	Geschichte der morgenländischen Völker, Assyrier, Babylonier, Meder, Perser, Ägypter, Phönizier; in b. ausserdem griech. Sagengeschichte.
Geographie	—	1½	Alte und neue Geographie der Länder am Mittelmeer.
Arithmetik	—	4	Zeitrechnung, Faktoren, Schlussrechnung mit ganzen Zahlen (Zweisatz und Dreisatz) nach Dürr, III. Stufe. Kopfrechnen.
Schönschreiben	Schuler	1	Deutsche und lateinische Schrift. Taktschreiben. Einüben der griechischen Schriftformen.
Singen	—	1	Notenlesen. Entwicklung der leichteren Durtonleitern. Singen von einstimmigen Liedern aus der Sammlung für die evangel. Volksschulen Württembergs Heft 1 und 2, Weeber-Krauss Heft 2.
Turnen	a. Weychardt b. Schädle	im Winter 2 im Sommer 3	Vorschule. Marsch- und Gelenkübungen. Dauerlauf und Schnelllauf. Sprung- und Hangübungen. Spiele. Freiturnen.

9

Klasse II a und b.

Klassenlehrer: a. Präceptor Schaiter, b. Präceptor Maag.

Fächer	Lehrer	Wochenstunden	Gelesenes oder Behandeltes
Lateinisch	Die Klassenlehrer	12	Grammatik von Hermann und Weckherlin. Exposition: § 95—178 mit Auslassungen und pag. 243—248. Komposition: § 230—302 mit einigen Auslassungen und S. 365—394, 30 ausgewählte Stücke. Hebdomadarien und Protocoarbeiten. Syntaktische Übungen. Übung in den Formen. Memorieren von Vokabeln.
Deutsch	--	4	Leseübungen im Lesebuch Teil I. — Rechtschreiben. — Grammatische Übungen. — Deklamieren: No. 13. 34. 36. 39. 40. 42 im Lesebuch 1.
Religion	—	3	Die Geschichten des N. Testaments in Zahns biblischen Historien bis § 66 gelesen und erklärt. — Geographische Übersicht von Palästina. — Memoriert wurden die Lieder Nr. 142. 364. 461. 590. und die vorgeschriebenen 46 Sprüche aus der dritten Abteilung des neuen Spruchbuchs.
Geographie	—	1	Die nötigen geographischen Vorkenntnisse. — Württemberg. Deutschland und die fünf Erdteile übersichtlich.
Arithmetik	—	4	Die 4 Spezies mit benannten und unbenannten Zahlen. Metrische Masse und Gewichte, Münzen, Zeitmasse. Reduzieren und Resolvieren. Angewandte Aufgaben. Kopfrechnen. Dürr II. Stufe.
Schönschreiben	Schuler	2	Deutsche und latein. Schrift. Taktschreiben.
Singen	—	1	Einübung der Noten. Tonleiterübungen und leichtere Intervalle. Singen einstimmiger Lieder aus der Sammlung für die evang. Volksschulen Heft 1. Weeber-Krauss Heft 2.

Klasse I a und b.

Klassenlehrer: a. Präceptor Belz, b. Präceptor Schaich.

Fächer.	Lehrer	Wochenstunden	Gelesenes oder Behandeltes
Lateinisch	Die Klassenlehrer	12	Einübung der Flexionsformen nach der lateinischen Schulgrammatik von Hermann und Weckherlin. — Übersetzt wurde § 80 —88b und 92—94, ferner § 190—217b und § 219 der Grammatik. Zusammenhängende Stücke p. 172—176 und p. 289 —298 mit Auswahl. Die diesen Übungen entsprechenden Vokabeln wurden zum grösseren Teil memoriert aus Dürr's Vokabularium.
Deutsch	—	5	Leseübungen nach dem Lesebuch Teil 1 mit sachlicher und sprachlicher Erklärung; Rechtschreiben; grammatische Übungen, Deklinieren von Nr. 4. 5. 9. 11. 15. 20. und 23. im Lesebuch I.
Religion	—	3	Zahns biblische Historien des A. Testaments §§ 1—78 gelesen und erklärt. — Die Lieder 26. 66. 462. 481. und 514. und die vorgeschriebenen 45 Sprüche der zweiten Abteilung des neuen Spruchbuchs erklärt und auswendig gelernt.
Geographie	—	1	Hauptformen der Erdoberfläche. Stuttgart und Umgebung.
Arithmetik	—	4	Numerieren und die vier Spezies im Kopf- und Zifferrechnen. Division mit einstelligem Divisor.
Schönschreiben	—	2	Deutsche und latein. Schrift. Taktschreiben.

Katholischen Religionsunterricht erteilte den Schülern des mittleren (Katechismus) und untern Gymnasiums (Biblische Geschichte) in je 2 Wochenstunden Vikar Frick.

Zeichenunterricht wurde fakultativ erteilt in vier Kursen mit je 2 Wochenstunden, und zwar für Kl. X—VII und Kl. VI von Maler Kolb, für Kl. V von Lehrer Grammer, für Kl. IV von Lehrer Aichelin.